魔法の言葉でもう一歩先の授業・クラスを！

算数 × 学級経営

高橋丈夫・青山尚司・楳原裕仁・工藤尋大・小宮山洋　著

JN102317

学ぶことが好きになる。
光文書院

はじめに

　授業中の「学級経営」について掘り下げる書籍をつくりたい，と思い立ったのは，コロナ禍の休校中，令和2年5月ごろのことでした。

　きっかけは，オンライン授業でのひとこまでした。久しぶりにZoom上で顔を合わせた子どもたちの雰囲気がとてもよかったことから，クラスがそのような雰囲気になっていくメソッドや秘密を本にしてみては，と思ったのです。その後，同じようなことが研究仲間の間でも話題になりました。具体的には，学級経営に悩んでいる先生が多いこと。学級崩壊には至らないけれども，どこか雰囲気が悪く，何かがずっとひっかかっているような感じのまま，卒業やクラス替えを迎える先生方が多くいらっしゃること。そんな話だったかと思います。

　そうした経緯から，自分たちが今まで先輩方から教えていただいたいろいろなことを振り返り，自分たちなりに「これだ！」と思ったものを，「魔法の言葉」として，まとめました。

　この本を手にとってくださった方の，少しでもお役に立てたらうれしいです。

　　　　　　　　　　　　　成城学園初等学校　高橋 丈夫

目次 | 算数×学級経営
魔法の言葉でもう一歩先の授業・クラスを！

第1章

算数の
授業からつくる
学級経営

本書の構成

　第1章「算数の授業からつくる学級経営」では，この本で考えている学級経営のスタンスについて説明しています。読み飛ばしていただいてもかまいませんが，もしかしたら「学級経営」のイメージが変わるかもしれませんので，少しでも興味があったら，読んでみてください。

　第2章では，目指す学級のイメージを，ステップ0「あったかいクラス」，ステップ1「聞けるクラス」，ステップ2「話せるクラス」，ステップ3「認め合えるクラス」の4つに分け，そのステップごとに，授業中に言葉かけを行って効果的であった魔法の言葉を5本ずつ掲載しています。また，各魔法の言葉にはコラムがついており，学級を居心地のよい空間にする，ちょっとした工夫も紹介されています。どれも取り入れやすい工夫ばかりですので，ぜひ魔法の言葉とあわせて使っていただけるとうれしく思います。

　それぞれの魔法の言葉には，どんな場面で使うのか，そしてどんな効果があるのかが解説されています。ぜひ自分なりのアレンジを加えてみてください。

　付録のページには「#（ハッシュタグ）」として，魔法の言葉を逆引きできるように索引を載せてあります。こちらも活用していただけると幸いです。

成城学園初等学校　高橋 丈夫

きっかけ

　自分自身の学級を振り返ると,「はじめに」で述べたような, 学級崩壊には至らないけれどもどこか学級がうまくいかない, 何かがずっとひっかかっている, そんな雰囲気のまま, 卒業やクラス替えを迎えることが, やはり何回かあったような気がします。しかし, いつのころからか, そういった雰囲気が全くなくなりました。その理由などを考えて改めて記憶をたどると, よい雰囲気の学級を維持できるようになったころ, 東京学芸大学の藤井斉亮先生や中村光一先生から, いくつかの印象深いご指導をいただいたことに思い当たりました。

　当時の勤務校が大学構内にあったこともあり, 藤井先生に毎週授業を観ていただいた時期がありました。そんなときでした。3年でクラス替えをして, 新しいクラスになって2か月ぐらいが経過したときのことでしょうか。「やっと子どもたちがあきらめたね」と, ぼそっと呟かれたのです。後でお聞きしたところ, 子どもたちが,「先生あってますか?」と答えの正誤を私に確認する発言がなくなったことを指しての感想だったそうです。

　中村先生からは,「高橋さんは研究授業でも日常の授業でも, 分け隔てなくお説教するよね」とお言葉をいただいたこともありました。そう言われてみると, 研究授業中だと, 参観していて「あれっ?」と思う場面でも, 先生がお説教をする場面に出会ったことは, まずありません。また, 藤井先生には,「日本の算数の授業は, 人格形成を大切にしてい

るのだから，その意識をもって授業しないと……」とご指導いただいたことも何度かありました。

　これらのことを振り返ったとき，いつのころからか，算数の授業のみならず，すべての授業で機会を見つけては，「人として大事にしたいこと」を子どもたちに伝えている自分がいることに気づきました。また，研究授業，日常の授業にかかわらず，あらゆる授業・学校生活の一瞬一瞬が子どもたちにとって貴重な成長の機会であり，無駄な時間はなくすべてに意味がある，と考えている自分がいることにも気づかされました。「教師は生きる手本」，その言葉の重さを再認識した瞬間でもありました。先生がユーモラスで笑顔が絶えなければ，そのクラスは自ずと笑顔の絶えないクラスになるのももっともな話だと，一人得心したのもこのときだったかと思います。

　それから数日して，それらのことを研究仲間に伝えると，「そういえば，授業中に授業内容以外の，友だちの気持ちや生活面の話をする先生って意外に少ないよね。まして若手の先生には皆無かもしれないよね」という話題になったのです。そこで，自分たちが，算数の授業中に大事にしている，または先輩の先生方の教えを受けて大事にするようになった「問い」や「接し方」，「指導技術」や「工夫」をまとめることにしました。

　魔法の言葉として掲載されている「言葉」の中には，自分たちでそこに行き着いたアイデアもあれば，恩師や授業を見せていただいた大先輩の授業中の問いかけを基にしたもの，またはそのまま使わせていただいている言葉など，いろいろなものがあります。そのまま使わせていただいている言葉には，その言葉との出会いのエピソードも載せていますので，楽しんでいただければと思います。

学級経営は相互理解の結果
〜子どもになめられないように？

　「学級経営」，この言葉を聞いて，みなさんはどんなイメージをもたれるでしょうか。私が初任のころは，「子どもになめられたらいけないから，最初はガツンとやらないとダメよ」なんて言われることもありました。また，東京都大田区から港区に異動になったとき，港区から国立大学の附属小学校に異動したときも，同じようなアドバイスをいただきました。しかし，今になって思うと，これは必ずしも正解ではなかったように思います。先生方が初対面の相手と会ったときのことを想像してみてください。「なめる，なめない」

よりも，「どんな人なのだろう」と思う方が普通だと思うのです。きっと子どもたちも「どんな先生だろう」と思っているでしょう。ですから，自分がどんな人間なのか，何を大事にしているのか，そこを誠実に子どもたちに伝えることこそが「学級経営」のスタートであり，ずっと大切にしていくべきことなのだと思います。そして，その自分を伝える場こそ，子どもと一緒に最も多くの時間を過ごす「授業」であり，休み時間や給食の時間です。一緒に多くの時間を過ごす中でこの気持ちを忘れずにいると，子どもたちも自分を素直に伝えてくれるようになります。そうすると，子どもたち一人ひとりがどんな性格で何を大切に思っているのかを知ることができます。この相互理解の結果が学級経営の本質なのではないでしょうか。ホームルームや学活の時間，帰りの時間でただお説教をすることが学級経営ではないと，私は思います。

「学級経営」は子どもたちと先生の相互理解によってなされていくものだということについて述べてきました。繰り返しになりますが，相互理解の結果，よりよい関係が築けると，よい学級ができるのです。学級経営は，相互理解につながるような，授業中や休み時間の何気ない声かけや行動の積み重ねの結果であって，「学級をうまく経営していこう！」という視点で行動した結果ではないのです。

　私も含めこの本に関わった5人の教員は，それぞれの方法で，自分の学級が子どもにとっても教師にとっても居心地がよく，学びのある空間になるように工夫をこらして日々生活しています。そこに共通項があるとすれば，それはどの先生も「子どもが好き」で，「学級という空間が子どもにとっても大人にとっても楽しい空間であるように努力している」ということだと思います。

学級を、学びのあるワクワクに満ちた『居場所』に!!

1つのエピソードから

　ある学校に勤めていたとき，月曜日や連休明けの登校が苦手なKさんという子がいました。個人面談を通してお母さんと話し，KさんがFAXが好きなことを知りました。そこで，いたずらを思いつきました。月曜日の朝，お母さんに連絡を入れて登校に関して前向きかどうかを確認し，後ろ向きな場合は，A4の紙に私の似顔絵と「Kさんがいないとさびしいなあ♡」という文章を書いてFAXしてみたのです。

　するとどうでしょう。時間通りとはいきませんでしたが，そのFAXを手に「キモイ」とか「ハートがどうの」とか言いながら嬉々として登校してくるようになりました。いつも同じではつまらないので，FAXの内容を変えたり，タイミングが合うときは下駄箱や教室の隅に隠れてサプライズをしかけたりしました。ちなみにサプライズはKさんに対してだけではありません。朝早くから教室のどこかに隠れていろいろな子を驚かせました。また整理整頓が苦手な子に対して，叱るのではなくその子の机やロッカーをきれいに整理整頓し，「何日もつかな？」と私の机のきれいさと競争したこともありました。とにかく，声を荒げて叱るのではなく，おもしろおかしく接し，「あなたを大切に思っている」ということを伝えつつ，諭したり話しかけたりするようにして毎日を過ごしていきました。するといつの間にか，それまで問題児扱いされていたKさ

んはみんなの人気者になり，学級は笑いにつつまれることが多くなった
のです。そしてその結果として，学級は誰もが安心してそこにいられる，
居心地のよい空間になっていきました。

　この経験から私が学んだのは，よい学級にしようと何かをするのでは
なく，一人ひとりを大切にし，学級をワクワク感のある楽しい空間にし
ようと努力した結果として，いわゆるよいクラスができるのだ，という
ことです。

　前述した「ワクワク感」は，休み時間や特別活動の時間だけでなく，日々
の授業でもそうなるように努力しました。特に専門教科としている「算
数」では，常に子どもたちが「今日も授業が楽しみだ」と思えるような
課題の工夫や，展開の工夫を試みました。毎日ある算数の授業で「ワク
ワク感」を味わえれば，毎日楽しい時間があるわけですから，子どもた
ちにとって，学級が，学校が楽しみになるのは間違いなしです。

授業で価値観を共有すること

　相互理解をしていく過程で大切なことは，子どもたちと互いの価値観を理解し合い，クラスで「みんなで大事にしていく価値観」を「互いに納得した上で」つくりあげていくことなのだと考えます。

　では，どのようにして，互いの価値観を理解し合い，「みんなで大事にしていく価値観」を「互いに納得した上で」つくりあげていくのでしょうか。一般的な方法としては，学級開きのときに学級目標を決めたり，みんなで何かをするときに先生の大切にしていることを先に伝えたりして，そのルールに則って物事を進めるのだと思います。

　しかし，子どもたちが学校で最も多くの時間を費やす通常の教科の授業中──具体的には授業の工夫や問いかけ，当て方など──の中に，先生方が大切にしたいと考えられていることをメッセージとして組み込んだらどうでしょう。先生の思いやメッセージが，最も子どもたちに伝わりやすいとは思いませんか。

　学級目標としてよくある「みんな仲良く」とか「助け合い」「笑顔を大切に」などなど，どれもこれもみんな授業の中で実現可能な目標です。

　例えば「みんな仲良く」であるなら，体育の授業中に協力し合えるように場を工夫することができるでしょう。または，算数や理科，国語や社会の授業中，発言の途中で困った子がいたとしたら，その子が言おうとしていたことを引き継ぐような「声かけ」をすれば，可能になるはずです。助け合ったり，相手の気

持ちを考えられるようになったりすれば，自ずと「みんな仲良く」の目標の達成に近づきます。

「笑顔」に関しても同様です。みなさんは，どんなときに笑顔になりますか。おもしろいとき，楽しいとき，うれしいときに笑顔になるかと思います。でしたら，そのような場面を授業中に演出すればよいのです。

　例えば，毎回の授業にワクワク感が出るように工夫してはどうでしょう。黒板に算数の問題を書くとき，一気に書かずに文章の途中で止めて，先を子どもに予想させながら書くだけでも，子どもたちの反応は違うと思います。「今日はどんな問題かな？」「今日はどんな授業かな？」と子どもが期待するような工夫ができたらすてきだとは思いませんか。

　たくさんたくさん，子どもたちを褒めてみてはどうでしょう。授業中にみんなの前で発言するのは，どんな子でも緊張するものです。それが，短答式の答えではなく説明ともなればなおさらです。そんなとき，それが正解であるなしにかかわらず，頑張って説明してくれたこと，前に出てきてくれたその勇気に対して，「ありがとう」「すごいね」「よく頑張ったね」と伝えたらどうでしょう。きっと子どもたちは笑顔になると思いませんか。これらのことがどの授業でも繰り返されるとしたら，どうですか。照れくさく感じつつも，きっと雰囲気はよくなると思いませんか。人は誰でも，叱られたり嫌な顔をされたりするよりは，褒められる方がうれしいはずですから，たくさん褒めて笑顔の多いクラスをつくっていきましょう。

言うは易く行うは難し「一人ひとりを大切にすること」

　学級経営や授業をするときに忘れてはいけない大切なことがあります。もしかしたら，前提条件の1つかもしれません。それが，「一人ひとりを大切にすること」です。この言葉，「言うは易く行うは難し」の典型だと思います。

　例えば授業場面を想像してみてください。文字通り一人ひとりを大切にするのであれば，ある子の意見は板書され，ある子の意見は板書されない，ということは起こりえないと思いませんか。しかし多くの場合，板書されるかどうかは先生の判断によって行われます。ということは，黒板に書かれた意見は先生に大切にされ，黒板に書かれなかった意見は先生によってよくない意見と判断された，つまり大切にされなかったことになります。黒板に意見を書かないということは，先生自らが，頑張って言ってくれた誰かの意見を軽んじていることになり，「一人ひとりを大切にする」はずなのに「自分の都合で友だちの扱いを変えてもよい」というメッセージを子どもたちに送り続けていることになるのです。

　先生なら誰しもが行う板書，子どもたちの意見を黒板に書く行為ですが，そこに前に述べたようなメッセージが含まれていると感じられたことはあるでしょうか。たぶんほとんどの先生方がないと思います。実は，普段何気なく行っている先生方の動作，表情，それらすべてが子どもたちにとっての生きる手本であり，メッセージなのです。そのように考えて，学校生活の中での子どもたちへの関わり方を見直していくと，自ずと学級経営と呼ばれるものの本質が見えてくると思います。

忘れてはならない，いちばん大事なこと

　　子どもたちと関わっていく，付き合っていく中で最も大切なことは，学級を「うまく」「上手に」経営しようと思わないことです。学級をよい雰囲気にしようと頑張らないことなのです。

　　大切なのは，子どもたちと楽しく，充実した時間を過ごすためにチャレンジし続けることです。子どもたち一人ひとりと先生自身が笑顔になるように，考えることです。

「最近，いたずら心を発揮されていますか？」

「お腹の底から子どもたちと一緒に笑った瞬間はありますか？」

　　みんなで，子どもたちとあなたがワクワクするような瞬間を数多くつくれるように，考えることが大切なのです。そして，その瞬間を考えることが，まるでいたずらを計画しているいたずら小僧のように，楽しめるようになると最高です。そんな楽しい時間が連続するようになると，いつの間にかクラスは何にも代えがたいよい雰囲気になっているはずです。

　　クラスの雰囲気は，一人ひとりがクラスのみんなから互いに大切にされていることが実感できるようになったり，クラスに笑い声が響き渡るようになったり，ワクワクドキドキする時間が増えていったりした結果として，でき上がるものなのです。

私の知っている最も雰囲気のよいクラスは，笑顔があふれ,「おはよう」や「ありがとう」が飛び交い，男女仲良く誰にでも（クラスや学年，そして相手が先生，クラスメイトなのかに関係なく）優しく，さらには，よい意味で担任の予想や想像を超えることが多々あるクラスでした。気がつくと,「君たちすごいね」とか「○○さん，ありがとう」「みんなありがとう」という感謝と感動に満たされた時間が流れていたように思います。そんな雰囲気をもったクラス，それ以上のクラスに近づけるために,「魔法の言葉」が少しでも役に立ったら幸いです。

第2章

荒れてはいない
でも物足りない，
どうする？

第2章について

　第2章では，目指す学級のイメージを4つのステップ「あったかい」「聞ける」「話せる」「認め合える」に分けて，「魔法の言葉」をそれぞれ5本ずつ掲載しています。

　「学級崩壊には至らないけれどもどこか学級がうまくいかない，何かがずっとひっかかっている」といった状態を打破するためには，まずはクラスを「あったかい」空間にする必要があります。子どもたちが学校で過ごす時間の大半は，授業です。学校生活の大半を占める授業の中で，「クラスには自分の居場所がある」「自分が受け入れてもらえる」といった気持ちになってほしいのです。

　次に，「聞ける」「話せる」クラスです。聞ける→話せるの順番に構成したのには私たちの意図があります。子どもたちが考えを説明できるように，つまり「話せる」ようにするための手だては多くあります。しかし，子どもたちの気持ちになって考えてみると，友だちが聞いてくれるからこそ話せる，話してみたい……，という流れの方が自然です。「聞ける」があってこそ，「話せる」につながるのではないかと考えています。

　最後に「認め合える」クラスです。答えが1つに決まることが多い算数では，誤った考えや，遠回りになる考えが表に出やすいといえます。その中で，子どもたちは多くの「自分と違う」に出会います。しかし，どの意見も平等にクラスの財産として検討し，クラスを高めていくきっかけとしていきたいものです。

　4つのステップに共通しているのは，算数の教科指導の枠を越えて，「人として大切にしてほしい」と子どもたちに伝えたいものだということです。形式的に与えるのではなく，子どもたちが集団で生活していく中の文化として根付いてほしいという願いから生まれた魔法の言葉たちなのです。

　私たちの意図に基づく，順序性をもたせた構成となっていますが，クラスの実態によっては，ステップを入れ替えたり行き来したりすることも有効だと思います。ぜひ，目の前の子どもたちにぴったりの取り入れ方を見つけてください。

　さあ，魔法の言葉——これから紹介するさまざまな調味料——で，クラスをひと味変えていきましょう！

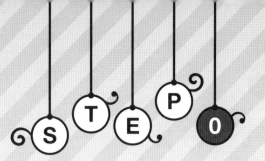

あったかいクラス

みんなが安心して自分を出せちゃう
魔法の言葉

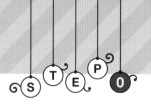

あったかいクラス

最初の章で紹介するのは，教室が「あったかい」雰囲気になる魔法の言葉です。これらの共通点は，子ども相互の「共感」を促すことといえます。学級経営の基本的な姿勢として，褒めることの大切さはよく言われます。でも，よさを一生懸命見つけて褒めているのに，学級経営がうまくいっていないと感じたことはありませんか？　それは，個にばかり目が向きすぎて，学級を集団として育てる意識が弱いためではないでしょうか。よくいう，「木を見て森を見ず」という状態です。

　教師に褒められないとエンジンがかからない個の集まりは，自治的に判断して行動する機能を失っていきます。一人ひとりに優しく親切に対応する意識をもつのは素晴らしいことです。でも，子どもたちが本当に「あたたかさ」を感じるのは，教師に褒めてもらえるときではなく，友だちみんなに認めてもらえるときではないでしょうか。認めてもらえたという実感をもった子は，仲間やクラスのために頑張ろうと所属意識を高めていきます。そんな個の集まりが，自立した集団をつくっていくのです。

　学級集団は，個の資質・能力を育んでいく大切な土壌です。だからこそ，その集団にいる仲間を受け容れる柔らかさやあたたかさが不可欠なのです。いつも教師が耕すのではなく，よりよい耕し方を見つけていくところから子どもたちに委ねてみましょう。子どもたちの中にある「あたたかさ」を見つけたとき，学級経営が今よりもっと楽しくなっていきます。

魔法の言葉
その
1

青山先生

今日のMVPは？

#つながり #よさを見る目 #明日から使える #授業のまとめが苦手
#オンラインでも使える

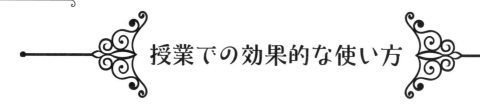

授業での効果的な使い方

　授業の最後に，「わかったことは何？」「大切なことは何？」と聞いてしまうのは，子どもたちからまとめの言葉が自然な形で出てこないからです。素直な子どもたちはきっとそれらの問いにも答えてくれます。でもそれは，子どもたちが本当に大切であると実感したことではなく，教師が何を求めているのかを一生懸命考えた答えではないでしょうか。

　授業の終末の場面で，まとめの言葉がうまく出てこないと感じたら，「今日の授業のMVPは誰だと思う？」と問いかけてみましょう。すると子どもたちは，真剣に黒板やノートを見て授業全体を振り返り，重要な場面とそこで活躍した友だちを見つけて教えてくれます。そしてその子を選んだ理由を問うと，子どもたち自身が大切であると感じた，まとめにつながるキーワードが自然と引き出されます。

　MVPとは，「Most Valuable Player」の略で，日本語では「最優秀選手」という言い方になります。野球やサッカーなどのスポーツで，ある試合で最も活躍をした選手を指す場合もあれば，シーズンや年間を通して著しい活躍をした選手に与えられる賞を指す場合もあります。まずはこのような意味や使われ方を子どもたちにも伝え，「みんなのために大切な活躍をした人」を選ぶ意識を高めましょう。

　この言葉を使い始めた段階では，発言内容ではなく仲のよい友だちの名前を挙げる姿が目立つかもしれません。でも，普段あまり関わっていない友だちをMVPに選ぶ子が必ず現れます。そして，選んだ理由を語り合う活動を継続することで，授業における活躍とはどのようなものかが学級の文化として共有されていきます。子どもたちの選ぶ目が育っていくと，みんなが知らない難しい知識を披露する子よりも，図や言葉，式を効果的に使ってみんなが納得できるわかりやすい説明をした子が選ばれるようになっていきます。MVPを選ぶ活動の中にも数学的な見方や考え方が働くようになると，授業の最後まで生き生きとした交流が続きます。

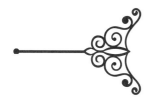

学級経営における効果

　「今日のMVPは？」は，便利で簡単な魔法の言葉です。算数の授業だけでなく，学校生活のあらゆる場面で使うことができます。例えば，運動会や遠足などの行事や，お楽しみ会などの学級活動の振り返りをする場面で使うと，次の活動への意欲を効果的に高めることができます。また，帰りの会で日直が1日を通したMVPを発表することを継続的に行うと，友だちのよさを見つける文化が根付いていきます。低学年で「MVP」という言葉が難しい場合は，「今日のキラキラさん」など，親しみやすくわかりやすい言葉にしてあげてもよいでしょう。

　友だちに「最優秀」という価値を与えてもらうことがうれしくないわけがありません。MVPを積極的に見つけて伝える活動は，みんなの笑顔を確実に増やしていきます。いくらやってもやりすぎることはないのです。むしろ，やればやるほどクラスの雰囲気はよくなっていきますし，いろいろな子が選ばれるようになっていきます。あらゆる場面でMVPを問い，仲間のよさをみんなで認め，励ます時間をつくっていきましょう。

　いずれ，教師が問わなくても，授業中のよい発言や生活場面のよい行動を，「MVP級」と評価する子も現れるようになります。時には，教師が見逃してしまっている子どもたちのよさを子どもたちが教えてくれることもあります。目立たないところでクラスのために頑張っている友だちをMVPに選んだ子がいたら，「いい目をしているね！」と褒めて，認める人を認める連鎖をつくっていきましょう。

STEP
0

▼ あったかいクラス

・コラム・

［魔法の言葉 その１］の効果を高める道具！

▼

ネームプレート

　授業で活躍した子の名前を黒板に残すための小道具として，マグネット付きのネームプレートを複数枚作っておくことをおすすめします。

　作り方は，まずパソコンでクラスの児童全員の名前が１枚に収まるように表を作ってプリントアウトします。それをラミネートしてはさみで切り，裏にマグネットを貼り付けたら完成です。色違いを何種類か作っておき，最初の発言は白，２度目の発言は水色，３度目は青……のように使い分けます。授業中に黒板を見ると，そこまで誰が発言をしてきたのかがはっきりわかります。また，残っているネームプレートの方に目を向けると，まだ発言していない子が誰なのかもすぐにわかるので，全員が活躍するよう意図的に指名してあげることもできます。

　授業の終わりに魔法の言葉その１を使ってその授業のMVPを選んでもらったら，黒板に貼られたネームプレートのそばに，赤のチョークで二重丸や花丸をつけてあげます。そのまま黒板の写真を撮っておくと，よい活躍をした子が誰だったのかを後で振り返ることができます。また，それらがその授業で引き出すべき発言であったかという観点で自身の授業を評価し，その後の教材研究として役立てることにもつながります。

　いろいろな子がMVPに選ばれるようになってきたら，選ばれた子のネームプレートに，小さな金のシールを貼っていくという方法もあります。積み重ねが目に見えるので励みになりますし，そのネームプレートを学年末にプレゼントしてあげると，とても喜びます。

　授業以外にも，グループ分けや役割分担など便利な活用法がたくさんあるネームプレート，ぜひ作ってみてはいかがでしょうか。

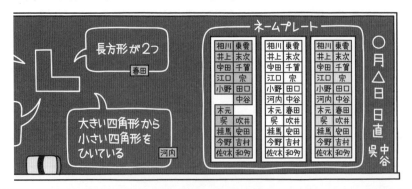

魔法の言葉 その2

工藤先生

気持ちはわかる？

#他者の気持ちに寄り添う　#安心感

#自分の意見は間違いなんだと落ち込む児童をフォローしたい

授業での効果的な使い方

　間違っている発言に対して，周りの子が「違うよ！」とすぐに上書きしようとすることはないでしょうか？　発言の意味が伝わらないときに「なるほどね……。ほかに意見がある人はいる？」と受け流してしまうことはないでしょうか？　授業中によく見る光景だと思いますし，私自身，そのようなときにどう切り返したらよいかわからずにいました。そこで出会ったのが，この「気持ちはわかる？」という発問です。この発問は，筑波大学附属小学校の先生方の授業から学びました。今では，恐らく私が授業中に最も多く用いるフレーズだと思います。

　上に書いたような場面に遭遇したら，だまされたと思って，クラス全体に「気持ちはわかる？」と問いかけてみてください。すると，友だちの発想，論理，表現の意味などの解釈が始まります。そして，「気持ちはわかるよ。きっと○○さんは，〜しようとしたんだと思う。でもさ，……」と，その子の発想に寄り添いながら，論理や表現を補足したり修正したりしてくれるはずです。

　この発問のよいところは，「〜しようとした」という発想を認めてあげられることです。そして，論理的な思考や伝わりやすい表現について，正しく整った発言を受け身になって聞くだけよりも効果的に，しかも感動的に学べるということです。算数に限らず，自分のやり方のどこをどう直せばよいのかを具体的にアドバイスしてもらえると上達が早いものですし，みんなで創り上げた喜びはエピソードとして強く記憶に残ります。また，そのような話し合いの仕方が習慣化すると，教師から発問しなくても自然に発言がつながるようになります。

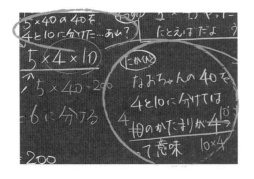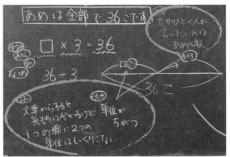

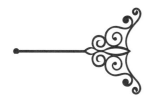

学級経営における効果

　せっかく発言したのに「違うよ！」と上書きされたり，うまく伝わらずに「ほかには……」と受け流されたりすると，きっと悲しい気持ちになるはずです。これが繰り返されると，子どもたちの素直な心の声が表に出なくなり，強く主張した者勝ちの，あるいは教師の顔色をうかがうような文化が育ってしまうように感じています。

　学級経営においては，どの子も「先生や友だちに大切にされている」と思える状態が理想です。それは，基本的には誰もがそういう願いをもっていると思うからです。「気持ちはわかる？」という発問は，まさにこの心理に応えます。間違えたとき，うまく伝えられないとき，「気持ちはわかるよ」と言ってもらえるとうれしいのは，大人も同じではないでしょうか。

　もちろん，ただ友だちの意見に同調してほしいということではありません。友だちがどんな気持ちなのかという，根っこの部分をわかろうとしてほしいのです。気持ちをわかろうとしない反論はいさかいを生みますが，気持ちをわかろうとした上で自分の思いや考えを伝えれば話し合いになります。話し合えるクラスは，問題を自分たちで解決していくことができます。

　先日，学級会を開きました。ハロウィンパーティーの計画を立てるためです。最初に出された意見はさまざまでしたが，「お化け屋敷をしたいという意見が多いけど，『かぼちゃ探しゲーム』というアイディアもおもしろいから，お化け屋敷の中で探せるようにしたら？」「怖い人もいるから，怖さを選べるようにしたらいいんじゃない？」などと，「気持ちはわかる？」に通じる発言がたくさんありました。学級会に関して特別な指導はしていないので，「気持ちはわかる？」を授業で繰り返した成果ではないかと思っています（写真は，いつになく真剣な準備の様子）。

［魔法の言葉 その2］の効果を高める道具！

▼

ノートにも気持ちを

　授業を見に来られた先生に、「ノート指導はどのようにしているのですか？」と質問されることがよくあります。かなり速いテンポで話し合いが進み、黒板は子どもの話し言葉をそのまま板書するので、子どもがノートに書けているのかを疑問に思われる先生が多いのです。確かに、「これは大事です。赤鉛筆でノートに書きましょう」と黒板を写させれば、ノートは整います。しかし、黒板を写せているからといって子どもが理解しているわけではありません。むしろ、子どもがわかっているのかわかっていないのかが見えにくくなってしまう場合もあります。

　そこで私は、ノートを自分で整理する時間を、授業中に何回かとるようにしています。何回かに分けて整理させるのは、一度にノートにまとめる情報量が多すぎると話し合いの論理全体が見えにくくなってしまうからです。また、自分で整理させたいので、ノートに関する決まりごとは最小限にしています。このとき、「先生の黒板はぐちゃぐちゃだから、何を書くか、どう書くかは自分で決めてね」「自分の気持ちを独り言のようにノートに残してね」と、主に2つの声かけをしています。自力解決の際も、「なんか間違っている気がする……」などとつぶやく子がいれば、「その気持ちをそのままノートに残しておこう。できれば、なんで間違っている気がすると思ったのかも書けたらいいな」と声をかけ、気持ちをノートに残すよう促していきます。

　ノートに気持ちが残ると、どのように調整しながら学んでいるのかがよくわかります。そうすると、コメントで価値づけたり、励まして発言を勇気づけたり、誤った理解や疑問を次の授業で取り上げたり、個別にフォローしたりできます。授業中に発言できなくても、「気持ちはわかるよ！」とノートで伝えることができ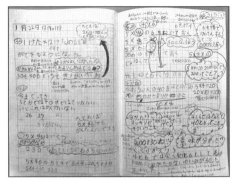
るのです。手間はかかりますが、この繰り返しが、主体的に学ぶ態度を育てる一助になると考えています。

魔法の言葉
その
3

高橋先生

どお？

(#つながり) (#自己肯定感) (#認め合い) (#仲間意識) (#オンラインでも使える)

(#わからないと言えるクラス) (#児童同士の意見をつなぎたい)

授業での効果的な使い方

　自力解決が終わり，子どもたちがそれぞれの意見を発表しているときの姿を想像してみてください。個々の解決方法が発表された後，思わず，クラス全体に「わかりましたか？」と，問うていないでしょうか。そんなとき私は，「わかった？」ではなく，「どお？」と問うようにしています。また，正しい答えが出たときや，計算問題の答え合わせなどで正しい考え方が出たときも「合っているね」と言いたいところですが，ここでも，「どお？」と問うようにしています。「わかった？」と問われると，子どもたちは思わず「わかった」と言ってしまうものです。

　こんな話をお聞きになったことはありませんか。「わかった人？」と子どもたちに聞いたときに手を挙げた人数と，「わからなかった人？」「疑問に思うところがある人？」と聞いたときに手を挙げた人数をたすと，なぜかクラスの人数を超えると。子どもは結構，問われた方にふらふらと手を挙げてしまいがちなのです。ですから，問いかけを曖昧にして，「どお？」と問うことで，「Yes・No」の2択ではなく，子ども自身に自分の状況を考えさせる時間をつくるのです。

　「どお？」と発問して少し間をおくと，子どもの「わかった」や「大丈夫」の声に，「先生……」や「ちょっとわからないところがあるんだけど……」や「もやもやするんだけど……」といった声が混ざるようになります。そこで，自分の気持ちを素直に表現できたことを褒め，「どうしたの？」と応じると，「○○の意味がわからない」や，「○○はどういう意味？」と，子どもたちのハテナが顔を出すようになります。評価をせず曖昧に問うことで，子どもたちの多様性が引き出され，「わからない」などの反応が出てくるようになります。

学級経営における効果

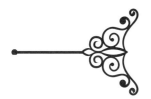

　子どもの「わからない」が顔を出すようになったら，「わからない」をみんなの前で言えた勇気を褒めるとともに，みんなでその子の「わからない」に応えるようにします。どの子の「わからない」にも分け隔てなく，丁寧にみんなで応えることを続けると，自然と子どもたちが助け合えるようになります。また，誰もがチャレンジできる安心感がクラスに漂うようにもなります。

　以前担任した6年生のクラスで，「なぜ，活発に発言する人が多いと思うか」を子どもにアンケートしたことがあります。そのときに多かったのは，「自分が途中でわからなくなっても，きっと誰かが助けてくれるから」や「途中までしかわからなくても，その先の困っているところを誰かが助けてくれるから」「もし間違っても誰も笑わないし，そこから誰かがつなげてくれるから」といった答えでした。

　クラスで一緒に学んでいる友だちが，先生が，みんなが，「きっと何とかしてくれる」「失敗しても，誰も笑わない，大丈夫」，そんな安心感がクラスに漂うようになると，結果としてみんながどんどんチャレンジする，活気あふれる雰囲気のよいクラスになるのだと考えます。

　「どぉ？」は，子どもの「わからない」や「もやもや」を引き出すきっかけとなる魔法の言葉であり，誰かの「わからない」や「もやもや」から，「安心感」と「活気」が共存する雰囲気をつくり出す魔法の言葉でもあるのです。

　オンラインで使う場合は，あらかじめ「わかった」「わからなかった」「もやもやしている」の3択を，例えば青・赤・黄色の折り紙大のカードにして子どもたちに持たせるとよいでしょう。問題を出し，子どもたちの状況を把握したいときに「どぉ？」と問い，「気持ちをカードで表して」とつけたすと，オンラインの画面上が青や赤，黄色のカードで埋め尽くされるので，子どもたちの状況が一目瞭然になります。

STEP 0 ▼ あったかいクラス

［魔法の言葉 その3］の効果を高める道具！

▼

日記

　私は，クラスの子どもたちと，毎日プリント形式の日記をやりとりしています。A4用紙の下半分が日記で，上半分は100マス計算だったり漢字の練習だったりします。

　日記のやりとりを毎日すると，その内容が少しずつ変わっていきます。最初は，その日にあったことが時系列で書かれているだけですが，少しずつうれしかったことや悩みごとなどが入ってきます。次は，その日を振り返って，自分のよくなかったことや，友だちのよくなかったこと，こうすればよかったことなど，少しずつですが，その子の内面が書かれ始めます。そして最後には，最終形態の成長日記につながります。その日にあった出来事から，自分がどのように成長できたのか，どう成長すべきだったのか，はたまた自分が今あることへの感謝などなど，そういった記述が増えていきます。

　日記によって，その子の内面や，クラスの状況をリアルタイムでとらえることができるため，何かが起きても大事になる前に対処することができます。また，不思議なことですが，子どもたちは日記に書くことで，その日にあったことを自分なりに整理したり納得したりするようです。日記に書いて先生に伝えたことで安心するのかもしれません。先日，お友だちとのトラブルを日記に書いてきた女の子がいました。翌朝，声をかけてみると，「大丈夫，日記に書いてすっきりしたから。読んでくれてありがとう」という返事でした。経験上，高学年女子は特に，聞いてほしいだけのときがあるようです。ちなみに，日記のコメントはお説教調にせず，基本的には受け容れるスタンスをとっています。また，自分の意見を入れるときは，「こんな考え方もあるよ」というように，押しつけがましくならないようにします。友だち関係の悩みごとに関しては，「間に入ろうか？」と提案するなど，基本的に子どもの意向を聞いた上で対処するようにしています。

小宮山先生

すてきな
反応だね！

STEP
0
▼ あったかいクラス

#安心感　#自信　#自己肯定感　#わからないと言えるクラス

#みんなでつくる授業　#授業に活気がない　#いつでも使える

 # 授業での効果的な使い方

　聞いている人が反応してくれるクラスと無反応なクラス，どちらがよいでしょうか。もちろん反応できるクラスがあったかいクラスにつながっていくと思います。なぜなら，お話をしたときにみんなが無言で無反応な様子を見ると，聞いているのか，聞いていないのか，どちらかわからないですよね。反応してくれれば，話をしている人もとても気持ちがよいです。

　ですから，自分が話をするとき，または誰か子どもが話をするとき，話を聞いている側の子どもの反応をよく見るようにしてみます。「うん，うん」とうなずいている子もいれば，首をかしげる子もいます。そのとき，どちらに対しても「すてきな反応だね！」と伝えます。話に耳を傾けて，心に寄り添おうとしている姿勢を価値づけていきます。先生が言わなくても，話をしている人の方向に自然と顔を向ける子もいますよね。こんなことをしている子がいたらうれしい気持ちになりますし，大いに褒めてあげることが大切です。

　特に授業の中では，「うん，うん」だけでなく，「わからない」といった反応をした子を褒めます。

　そしてそれにじっくり付き合います。「わからない」と言った子に何としても伝えようとするとき――例えば式だけの発言に図をつけたして説明しようとしたり，言葉の説明に例示を加えるなど，より具体的にしようとしたりするとき――は，伝えようとする側の表現も豊かになっていくのです。

「わからない」を
大切にしたい！

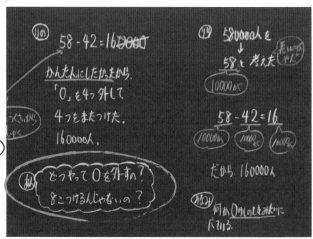

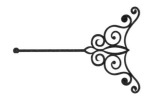

学級経営における効果

　子どもに「わかりましたか？」と聞くと，おもしろいもので子どもは「わかった」と言います。話をしっかり聞いていたとしても「わからない」と言うと，何だか話を聞いていなかった，と思われてしまうと考えるそうです。

　また，みんなの前で「わからない」と言うのはとても勇気のいることです。大人でもそうだと思います。講演を聞いているときなど，集団の中で「もう一度言ってほしい」や「今のわかりませんでした」と言うのは難しいですよね。でも，学びの上ではとてもすてきな姿勢です。

　「うん，うん」や「わからない」などのように子どもが反応をするときは，心が無になっていないときです。つまり受け身ではなく，自分で考えようとしたり，聞こうとしたりしている姿勢の表れです。ですから，自分の心を反応させることができるクラスの雰囲気になるように言葉をかけていくことが大切です。

　「わからない」が「わかる」になる瞬間は，個人によって違います。そして，教室は「わからない」ことを学ぶために学習したり友だちと関わりをもったりする場所なのですから，それを言える雰囲気をつくることが教師の大切な役割です。

　このとき，こうするといいよ，と教師が最初に伝えないようにするのもポイントです。ついつい「話を聞くときは目を見ましょう」とか「おへそを向けましょう」とか「聞いてる？」とか言ってしまいがちです。それをルールとしてこちらから示すのではなく，子どもからの発信を待ちます。目を見て聞いてくれる子，わからないと首をかしげている子，相槌を打って聞いてくれる子など，誰か必ず反応をしている子どもがいます。教師はそれを待って，褒めて価値づけることが大切です。

STEP
0
▼ あったかいクラス

コラム

[魔法の言葉 その4] の効果を高める道具！
▼

叱ったときこそ，ふざけよう

　褒めてのばしたい！いいところをみつけたい！そう思いながら毎日を過ごしていますが，どうしても叱らなければいけないときがありますよね。怒ることと叱ることの違いはご承知の通りだと思います。怒ってはいけないと思いますが，叱らなければならないときが出てきます。

　お叱りタイムが，1人に対するときもあれば，クラス全体に対するときもあります。どちらにしても，子どもは先生やクラスの雰囲気をよく見ています。そしてクラス全体が叱られているときはもちろんですが，自分じゃなくても誰かが叱られているのを見ると共感してしまう子がいます。つまり，叱られていないのに先生やクラスの雰囲気に影響されて，自分も叱られている気持ちになってしまうことがあるのです。

　ですから，叱ったらそこで終わり！！　だらだら長引かせるのもなし！　間違っても，「前にもさ～」なんていう叱り方をしてはいけません。

　むしろ叱った直後の時間は，くだらない冗談やおふざけをあえて多く交えて子どもと関わっていくことが大切です。叱られていると感じる時間が長ければ長いほど，子どもは委縮してしまいます。そうなると，教師の前ではよい子でいなければならないと感じ，演じる子が増えてしまうのです。

榠原先生

算数の
おしゃべりだったら
聞かせてよ

#つい説教してしまう #好奇心を刺激する #自己肯定感

#発言しやすい雰囲気づくり

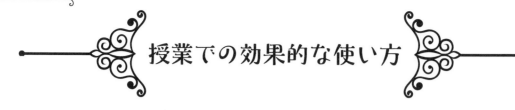

授業での効果的な使い方

　挙手をして指名されたら起立，そして発言……という流れは確かに大切なのかもしれません。しかしちょっと考えてみてください。その後に子どもから発せられる言葉は，オフィシャルなものになりがちです。整った表現や考え方だけが飛び交う教室……なんだか息苦しいとは思いませんか？　もしかするとそのような授業の流れが，発言しにくい雰囲気につながっていないでしょうか。授業を，児童の笑顔があふれる「あったかい」ものにしたいと私は考えています。

　下の図の「底辺が　たくさんあって　てぇへんだ！」は，５年の三角形の面積を学習中に子どもの私語から生まれたものです。三角形のどの辺を底辺としても面積を求めることができるという学習をしていたとき，ある女の子が隣の席の友だちと楽しそうに話をしていました。私は「私語をやめなさい！」という言葉をグッと飲み込んで，「どんな話をしているの？　算数のおしゃべりだったら聞かせてよ」と聞いてみました。そこで発せられたのが，「底辺が　たくさんあって　てぇへんだ！」です。普段は真面目な女の子の言葉だったのが，なおさらよかったのだと思います。子どもたちは大笑いしながらもその意味を考え，三角形の面積を求めるときに，底辺は与えられるものではなくて自分で決めていいという学習につなげていきました。また，それに喚起されたのか，子どもたちは学習が続くにつれて，「高さとは底辺に垂直であること」「高さはひとつではなく，平行線上に無限にとることができること」などにつながる名言を生み出そうとしました。私はその都度，画用紙に書いて掲示していきました。

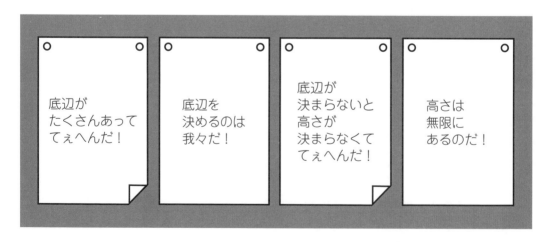

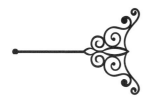

学級経営における効果

　名言が生まれる，生み出そうとする。そのような雰囲気が教室にあることで，クラスはより「あったかい」ものになっていきます。授業や教師には，このようなものを許容したりおもしろがったりする多少の「隙」があってもよいのではないでしょうか。もちろん一歩間違えると，ただのおふざけムードになってしまうので，そこには教師の舵取りが必要です。だからこそ，あくまでも「算数のおしゃべりなら」ということを強調していきます。

　名言は子どもたちの記憶にしっかりと残ります。教師がどれだけ丁寧に説明しても，子どもの名言には勝てません。

　記憶に残った名言を，子どもたちは知識として次の学習に使おうとしていきます。自分が生み出した言葉が，次時の学習で「○○さんの名言を使って考えると」のように活かされていく……。友だちの発言の中に自分の名前が登場すると，子どもはとてもうれしそうにします。名言とされることは，自分の考えや発想がクラスに受け容れられることでもあるのです。名言を確認するたびに，クラスは笑いに包まれます。子どもたちは，名言を発した友だちの顔や名前を想起します。ふとした「隙」から生まれた「あったかい」空気感の中で，子どもたちには学んでほしいのです。

　あの女の子を「私語をやめなさい！」と叱ったとしても，それはそれで授業を進行することができたでしょう。しかし，この魔法の言葉のおかげで，子どもの私語から生まれる学びや喜びがあることを私は知りました。大袈裟に言えば，自分のクラスの子どもたちをもっと信頼してみよう，何を話しているか聞いてみようと思うようになったのです。

　ときには名言？迷言？と，微妙なものもありますが……それさえも，おもしろがっていけるクラスと教師でありたいものです。

○○さんの名言を使うと…

私の考えを使ってくれてる！

[魔法の言葉 その5] の効果を高める道具！

▼

ノートのコメントはほとんどラブレター

　私は子どものノートを見るのが趣味です。振り返りや学習感想などの最後の部分だけでなく，途中にもコメントを入れていきます。考え方がわかりやすく書けている，式や図・表を使っている，授業で活躍できた，友だちの考えを聞いて（書いて）いる……褒めてあげたいことがたくさん見つかります。また，子どもの「伸び」……とまでいかなくても，その手前の段階に気づくこともできます。既習事項を使おうとした形跡がある，板書以外のことがメモされている，自力解決の記述内容が（ほんの少し）充実してきているなどです。

　特に大切にしたいのは，「だったら次は～かな」「～でもできると思う」のような発展的な考えにつながる記述です。そういう記述を発見したら，「これは絶対に，明日発言するべきだ！」とコメントしておきます。次時には，「誰か考えはあるかい？」などと，わざとらしくその子どもに目配せをします。それでも挙手がない場合には，「そういえば，昨日ノートに何か書いてたでしょ」と指名します。黒板の前で発言させているときは教室の後ろに立って，OK！ や，マルだよ！ のジェスチャーで後押しします。さらに，その日のノートには，「今日は〇〇さんの記念日だね！」「あの発言で授業が大きく動いた！」のように，これでもかというほど価値づけます。

　子どもを下校させて，分掌や学年の仕事を済ませたあとに，その日集めたノートを見ます。翌日にノートを返却すると，子どもたちは誰にも見られないようにこっそりと（なぜか，どのクラスの子どももこうします……不思議！）私からのコメントを見ています。安心したり，うれしそうにしたりする表情を見せる子どももいます。私はそれを観察しながら，今日の授業で活躍しそうな子どもを探すこともあります。

　正直，時間も手間もかかります。しかし私は，ノートのコメントは私と子どもをつなぐ，いわばラブレターのようなものだと考えています。

聞けるクラス

みんなが言葉も気持ちも受け止めちゃう
魔法の言葉

聞けるクラス

続いてこの章で紹介していくのは，「あったかい」クラスに加えて「聞ける」クラスに高めていくための魔法の言葉です。

指名された数名の子どもが黒板の前に出てくる。半ば独り言のように自分の考えを発表していく。クラスには「友だちの発言は最後まで静かに聞く」というルールがある。発表後には，教師に促されてまばらな拍手が起こる。あるいは発表後に「いいですか？」「いいです！　同じです！」と，半ばお約束的に交わされる言葉たち……。このような算数の授業を，私たちはたくさん経験してきました。そして，これで本当に，子どもたちが集団で学ぶことの意味やよさを感じられているのかと悩んできました。改めて，私たちが目指している「聞ける」クラスを思い描いてみます。

　　友だちの考えを知りたいと思いながら
　　自分の考えと比較しながら
　　もし自分だったらどのように説明するかを考えながら
　　発言している友だちが困っていれば，助けてあげたいと思いながら

そのような気持ちで，「聞ける」クラスが実現すれば，「あったかい」と相乗効果を織り成しながら，学級や授業はよりよいものになっていくのではないでしょうか。

ルールで縛るのではなく，教師の指示でそうしているのではなく，学級の文化として「聞ける」クラスに近づいていくために，私たちが日々大切にしている魔法の言葉を紹介していきます。

槙原先生

あれ？
今のこの空気，
なんだか
話しにくいね？

#安心感　#他者の気持ちに寄り添う　#発言しやすい雰囲気づくり

#つい説教してしまう　#授業演出

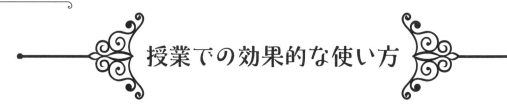

授業での効果的な使い方

　例えば1時間目の算数の時間。まだ半分眠っているような子どもがいる。とにかくピリッとさせないと！と，教師が大きな声で挨拶をする。「背筋を伸ばしなさい！」と怒り口調で指導してみる。……こちらの思惑とは反対に，なんだか子どもたちの気持ちが離れてしまったような空気。気まずい雰囲気のまま，問題文を提示していく。

　みなさんにはこういう経験はありませんか？　私は何度もあります。この気まずさを解決してくれる魔法の言葉が「あれ？　今のこの空気，なんだか話しにくいね？」です。イライラしている様子を決して見せずに，あくまでも本当に不思議そうにクラスに問いかけてみてください。

　そうすると，姿勢を整えたり，視線を上げたりする子どもが必ずいます。それを見逃さずに，「あぁ，そういうことか。あなたが先生の方を向いてくれたら，急に話しやすくなったよ。ありがとう」と褒めます。途端に教室の空気が変わって，授業モードに入ることができるはずです。ポイントは，叱るのではなく，視線を上げた子どもを褒めることです。教師が，「～しなさい！」と言ってしまえば，それはただの指示になります。指示に従うだけのクラスにはしたくありません。褒めることで，クラス全体に気づかせたり，広げたりする方が効果的です。

　この魔法の言葉は，算数の授業で考えを伝え合う場面でも有効に活用できます。「友だちの話の聞き方」なんて掲示物を作っても，子どもは恐らく……見ていません。教師が聞き方の指導をすればするほど，クラスはどんどん堅く，重苦しい雰囲気になっていきます。むしろ，そんな雰囲気の中で発表する子どもが気の毒です。

　それよりも「あれ？　なんだか話しにくいね？　どうしてだろう？」と投げかけ，反応があった子どもを見つけて，「○○さんがちゃんと聞いてくれそうだよ。安心して説明してごらん」と，話し手の子どもに伝えましょう。話し手に伝えるフリをして，全体に聞き方を促すのです。

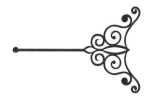

学級経営における効果

　教師の指示ではなく，子どもたちが自主的に動き出すことで学校生活をよりよくしていってほしいと考えています。しかし，多くはそううまくいきません。イライラしてしまったり，結局教師主導で進めてしまったり……。これでよいのかなと心配になります。

　そういう状況を乗り越えるために，私は発想を転換することにしました。「自分たちで考えたり，動き出したりした結果だ」と，子どもたちが実感できるような演出をすればよいと考えるようになったのです。きっかけは教師が生み出しても（それが場合によっては演技や作り話であっても），子どもたちが「自分たちが自主的に動いた結果だ」と感じることができればよいのです。

　係の仕事や休み時間の遊び方など，指導したいことは山ほどあります。しかし，教師が先に立てばそれは指示やルールになります。ただ，発想を転換すれば，

　それとなく，指導したい方向に誘導する。
　誰か一人の子どもが動き出すのを待つ。
　動き出した瞬間に教師は気配を消す。
　すかさず（場合によっては少し時間をおいて），その子どもを褒める。

　学級経営の多くのことを，この流れで進めることができます。中には，動き出して褒められた子どもが，「違うよ！　だって先生がそうしろって……」のように，正直に（？）言い出すこともあります。演出がバレる危機です！　こんなときにも落ち着いて，「確かにそうかもしれないね。先生はそうしてほしいと思っていたし，ちょっとわざとらしかったかもしれない。でもね，それに気づいていちばん早く行動してくれたのは，あなただよ」と褒めてあげてください。

　あらゆる場面で，教師は演出家なのです。

STEP
1

▼　聞けるクラス

［魔法の言葉 その６］の効果を高める道具！
▼

クラスに合言葉をつくる

　私のクラスには合言葉がいくつかあります。目標とは少し違うもので、必要なときにみんなで声をそろえて言うものです。その１つが「自分のことはあとまわし」です。授業の始まりの挨拶をするのに、学習用具をバタバタさせたり、休み時間の余韻を引きずっていたり……とにかく落ち着かないときなどに使います。

　もちろん初めの数回は、私が全部を言ってみせるのですが、その後は「自分のことは……」を言うだけにします。そうすると、必ず「あとまわし！」と引き継いでくれる子どもがいます。私は、「やっぱりそうだよな。その方が早いし、気持ちいいし、優しいよ」と価値づけていきます。中には、自分がバタバタしながら「あとまわし！」と元気に言う子どももいますが、それには大いにツッコミを入れて笑いに変えていきます。

　もう１つ合言葉があります。それは、「話し手を育てるのは聞き手」です。これも前述と同じやり方で、「話し手を育てるのは……」「聞き手！」と続くようにしていきます。聞くために変化があった子どもがいたら、「今、○○さんはあなたの考えを聞きたがっている。こんな風にされたら、伝えたくなっちゃうよな」と話し手側に紹介することもあります。

　合言葉には即効性はありません。しかし、繰り返していくことで、子どもたちに少しずつ浸透していきます。

青山先生

今何て言った？

STEP 1 ▼ 聞けるクラス

#居場所感 #自己肯定感 #他者を否定しないクラス #オンラインでも使える

#児童同士の関係をよくしたい #他者の気持ちに寄り添う

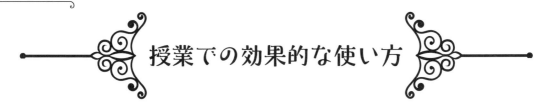

授業での効果的な使い方

　この言葉は，お話を聞いていない子を注意するときについつい使ってしまいがちですが，本当に使うべきなのは，次の2つの場合です。

　1つは，大切な発言があったときに，みんなで復唱して共有を促す使い方です。例えば，「変わり方調べ」の単元のマッチ棒を使って正方形をつくっていく問題で，「表にすればきまりが見つかりそう」という発言があったら，その子ではなく学級全体に，「今何て言った?」と問い，復唱を促します。その後，「正方形が1つ増えるとマッチ棒が3本増える」と変化のきまりを見つけたときや，「式にすれば正方形が何個の場合でもわかる」と対応のきまりを見出したときも，同じように復唱を促し，共有をしていきます。そして復唱の後に，魔法の言葉その3の「どお?」を使って，そのアイデアのよさも共有すると，さらに議論が続いていきます。

　もう1つの使い方は，発言が苦手な子が授業に参加しやすくなる使い方です。せっかく頑張って発言をしても，教師が聞こえないからといって何度も言わせると，ますます話すことが嫌になってしまいます。でも，クラスの中にはその子のお話をきちんと聞いて，気持ちをわかってあげようとする子がきっといます。そんな優しい友だちをターゲットに，「今何て言ったか聞こえた?」と問い，もう一度言ってもらうことで，発言の内容を無理なくクラス全体に伝える使い方です。勇気を出して手を挙げたのに自信がなくて小さな声になってしまったとき，きちんと聞いてくれる友だちがいることはとても心強く，大きな励みになります。

　この言葉を適切に使うことで，あたたかい聞き手が育っていきます。また，大きな声を出すことが苦手な子も，安心して発言できるようになっていきます。この言葉にきちんと反応してくれる子は，友だちを大切に考え，クラスのよい雰囲気を支えてくれています。その存在の大きさを教師は大いに認め，学級全体に広めていきましょう。

正方形の数（個）	1	2	3	4	5
マッチ棒の数（本）	4	7	10	13	16

学級経営における効果

　以前，ほとんどしゃべらない子を担任したことがあります。その子は学校にいる間中，ほぼ無言で過ごしていました。でも不思議なことに，休み時間は友だちと鬼ごっこをして遊んでいるのです。ある日の学級会で，お楽しみ会の遊びを決める際に意見が割れ，きちんと全員の意見を聞いて考えようという流れになりました。でも，その子はやはり何も話しません。司会の子は，「どう思ってるんだろう？」と，ややお手上げな様子です。すると，ある男の子がぶっきらぼうに，「鬼ごっこしたいんじゃん？いつもやってるし」とつぶやきました。そこで，「聞いてみてくれるかな？」とお願いすると，「おいお前，鬼ごっこしたいか？」と，やや乱暴に尋ねました。すると，その子は確かにうなずいたのです。それからその子に何かを確認したいときは，その男の子にお願いすると，なぜだかうまくいくようになりました。そのうちかすかな声を出すようになり，その度に「今何て言ったの？」とみんなが問い，男の子が「たぶん，〜じゃねぇ？」と勝手に推測し，「な？」とその子に伝えるとうなずくという不思議な関係が続きました。この男の子は普段からその子に親切にしていたわけではありません。ただ，誰にでも分け隔てなく接する本当に素直な子でした。話すことが苦手な子がいてくれたからこそ，「今何て言った？」という言葉が自然と生まれ，それによって男の子が意外な能力を発揮し続けたのです。あれから，この言葉には孤独な発言者に味方をつくる働きがあることに気づき，今は意図的に使っています。子どもたちのやりとりを参考にして生まれた魔法の言葉のよい例といえるでしょう。

STEP 1 ▼ 聞けるクラス

［魔法の言葉 その7］の効果を高める道具！

▼

朝の健康観察

　子どもたちは，クラスの友だち全員の声を毎日聞いているでしょうか。1日中全く声を聞くことがない友だちがいるとしたら少し寂しい感じがします。だからこそ，保健係が毎朝必ず一人ひとりの名前を呼ぶ活動をしています。「〇〇さん」と名前を呼ばれた子は，「はい，元気です」「はい，ちょっと風邪気味です」「はい，手に怪我をしています」のように，返事をしてから自分の体調を簡単に伝えます。ここでポイントとなるのは，一人ひとりの体調をみんなで理解してあげることの大切さを意識づけることです。風邪気味の子には無理をさせない，怪我をしている子の荷物を持ってあげるといった気遣いができる子は，全員の声をしっかりと聞くことができる子です。また，聞き手に思いやりが育てば，話し手となる一人ひとりも体調をきちんとみんなに伝えるようになっていきます。

　「支え合う仲間」になるという目標があれば，聞き方が身につくだけでなく，あたたかい人間関係が育まれていきます。係の子が全員の名前を呼び，最後の子が答えるまで，たったの2分程度です。全員が全員の声をきちんと聞くことができるようになると，子どもたちは互いを大切にしていることへの実感を深め，雰囲気がとてもよくなります。学級がそのように心地よい状態にあるときこそ，「全員の声を毎日必ず聞くことができるこの時間を，これからもみんなで大切にしていこうね」と励まし，価値観の共有を促すようにしています。

小宮山先生

誰か
助けてくれるよ

#他者理解　#仲間意識　#聞ける　#他者の気持ちに寄り添う

#クラスメイトの意見を聞けるクラスづくり　#いつでも使える

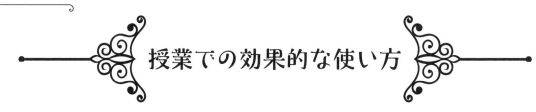

授業での効果的な使い方

　たくさんの子どもに発言をしてもらいたいと願いながら授業を考えます。もちろん子どもも頑張って手を挙げよう，発言しようという姿を見せてくれます。しかし子どもによっては，手を挙げて意見を言おうした瞬間，止まってしまうことがあります。黒板の前に出てきて説明しようとする場面でも，黒板を向いたままフリーズ……のようなこともよくありますよね。そして止まった時間が長くなれば長くなるほど，言葉を発するのが難しい雰囲気になります。ちょっといや～な空気が流れるときがありませんか。

　そんなとき，「何か言えば，誰か助けてくれるよ」と言うようにしています。もちろん発言が止まった子に言っているのですが，この言葉の向く先はそれ以外の子たちです。このように言うことで，周りの子の意識を向かせることができます。

　そうすると，「式を言おうとした？」「どこがわからない？」などと質問をしてくれることもあります。それによって，止まっていた子も考えを整理することができ，意見の交流が行われるようになるのです。

　そして，「発言してくれてありがとう」とか「前に出て説明しようとするの，とてもすてきだったよ」と声をかけます。わからなくても，止まってしまっても，何かひとことでも言うことができれば次につながるんだ，ということを経験していくことが大事です。その積み重ねによって，正答だけを発言しなければいけないという雰囲気が崩れていき，自分たちで学習を創り上げていく感覚を味わうことができるのです。

　ここでも大事なのは，教師がその子の気持ちを代弁するのではなく，何かひとことでも子ども自身に言わせることです。教師が「またあとでね」と言って，子どもを黙ったまま席に戻してしまうと，子どもは次も発言がしづらくなってしまいます。

STEP 1

▼ 聞けるクラス

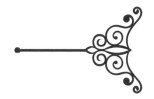 

学級経営における効果

　友だちを助けたい，何とか力になりたい，そんな気持ちを子どもは誰でももっています。この「誰か助けてくれるよ」という言葉は，そんな気持ちを引き出すことができます。そして，そのように反応してくれた子どもを大いに褒めてあげます。そうすることで，より集中して他者の行動を注視し，その気持ちを理解しようとするのです。

　もちろん「その子の気持ちわかった！」と言って理解したつもりが，相手が言いたかったことと違うこともありますよね（笑）。それでもやりとりを続けることで，発言が止まってしまった子が「それが言いたかった！」と理解し合える瞬間になるのです。その瞬間はお互いの表情が輝いています。見えない絆が太くなった瞬間です。

　また，このような関わりが続いていくと，助け合う関係性から，「この言い方（表現）の方がわかりやすかったね」などと互いにアドバイスを贈れる関係性へと発展していきます。

　教員には優しい人が多いです。子どもが止まってしまうと，その子のことを思って，ついつい「思い出したら，言ってごらん」と座席に戻してそのまま……という場面や，教員が代弁しているようで，実は都合よく言いかえていることがあります。先生が助けてしまいたくなるのです。でも大切なのは，子どもの姿を褒めるために，ぐっと我慢することです。子ども同士の関わり合いを待つことが大切ですね。

STEP
1
▼ 聞けるクラス

［魔法の言葉 その8］の効果を高める道具！

▼

流れや台本をつくらない

　朝の会や帰りの会，やることを先生が決めて行うことが多いですよね。また，台本のようなものを作成して子どもが読み上げながら行う場面もよく目にします。私のクラスでは，当初は，朝の会・帰りの会ともに挨拶と先生の話ぐらいしかありません。もちろん台本もありません。なぜなら，教員が「〜しなさい」ということを極力少なくしたいと思っているからです。

　すると子どもたちがいろいろなアイデアを出します。そのアイデアを拾って，会ができあがっていきます。

　今では，朝の会では「今日の予定確認」や「スピーチ」もあります。帰りの会では，「次の日の日直さん紹介やよいところ紹介」，「明日までの宿題や，明日あるテストなどの確認」というのもあります。決められたことをやるのも大事なことですが，自分たちで創り上げていくことのおもしろさや大切さを味わってほしいものです。台本もないですから，例えば「さようなら」の前にひとことつけ加えて言う子もいます。「最近寒いですね。風邪に気をつけましょう。さようなら」のような感じです。大抵そういうアレンジを加えようとチャレンジしてくるトップバッターは，ちょっとやんちゃな子です（笑）。

　そうなれば，「いいね！！」「おもしろいね！」　なんて褒める場面が増えますし，また「いろいろなアイデアを出してもいいんだ！」　という姿勢が全体にも広がっていきます。

魔法の言葉

その9

工藤先生

今はこれね

STEP
1

▼ 聞けるクラス

#みんなでつくる授業 #学び合い #他者を否定しないクラス

#自己主張が強い児童に困っている #比較検討場面が「発表会」になりがち

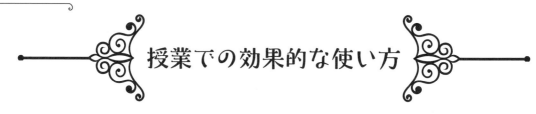

授業での効果的な使い方

　子どもたちは，自分の考えを発表したくて仕方がありません。友だちが発言した直後にも，「先生，ほかの考え！」と自分の話をしようとします。教師としても，前の発言が想定外であったり，後から発表された考えが興味深い内容だったりすると，ついつい後の発言に飛びついて授業を進めがちです。

　しかし，そうやって教師が自分の欲しい発言にばかり飛びついて授業を進めていると，授業から素朴な声が消え，同時に活気が失われていきます。子どもたちが，「先生が答えてほしいこと」を探すようになったり，発言力のある一部の子だけが活躍するようになったりするからです。すると，そこについて行けない多くの子が受け身になります。こうして発表会のようになってしまった授業は，発言が相互に関連づいて練り上げられることがありません。目指すべき授業とは逆行する，受け身的・発表会的で浅い学びといえるかもしれません。

　さて，こうなってしまうと，「聞く」ことについて重大な問題が2つ起きます。1つは，理解しなくてもよいと思われる発言が存在してしまうということ。もう1つは，受け身的に聞く習慣がついてしまうということです。「聞く」ということについては，誰の発言であっても，思いや考えを理解しようとする態度を育てることが大切だと考えているので，そういう意味で「聞けない」クラスが育ってしまいます。そこで，前の発言が流されそうになったときは，「今はこれね」と後の発言を一度止め，それに関連づけた話し合いを促すようにしています。

　3年で，初めて2けた×2けたを学習したときのことです。子どもがつくった，「46×38」という問題を考えました（筆算は未習です）。自力解決後に発表されたのは，下の4つの答えです。

---

①1248　②168　③1748　④60

計算ミスではなく，どれも理由のある答えです。おわかりいただけるでしょうか？

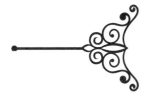 

学級経営における効果

先ほど例に挙げた授業では，私が「今はこれね」と発問する前に，「どうやってこの答えになったのか知りたい」と，子どもたちが1つずつ謎を解いていきました。

①は，46を40と6に，38を30と8に分け，40×30と6×8の和を求めた答え。②は，①の40×30を120と考えた答え。③は，40×30，40×8，6×30，6×8の和を求めた答え。④は，46を4と6に，38を3と8に分けてしまい，①と同じように求めた答えです。それが明らかになったとき，「あぁ，気持ちがわかった！」と大きな声で反応してくれた女の子がいました。学級経営においては，この積み重ねがとても大切だと考えています。

「聞けるクラス」について，私は2つのイメージをもっています。1つは，相手の言っていることに耳を傾けられることです。誰だって，伝えたいことがあって話しているのに相手が聞いてくれなければ悲しい気持ちになります。ですので，子ども同士でそのような場面があれば，もちろん指導をします。もう1つは，相手の言っていることを理解しようとするということです。「今はこれね」という言葉は，後者の「聞く」に働きかける効果があります。

「今はこれね」は，「今は○○さんの発言について考えます」という宣言です。それが間違っていようが，ほかにもっとスマートな考えをもった子がいようが関係ありません。その子が勇気をもって発言したのですから，それを大切にしたいのです。大切にするというのは，その意味を丁寧に解釈していくということです。

初めは，誤答や素朴な発言を深追いしすぎると，発言した子が傷ついてしまうのではないかと思っていました。しかし，教師がそこに潜む価値を本気で見出そうとする態度を示せば，それは子どもたちに伝わり，ひとつひとつの発言の価値を認めることができます。それが，誰のことも大切にしようとする学級の文化として根付いていくのだと思います。

STEP 1 ▼ 聞けるクラス

［魔法の言葉 その9］の効果を高める道具！

▼

手を挙げてください

　待ちに待った給食の時間。私が担任するクラスでは一時期，両手を挙げて「いただきます」の挨拶をするのがブームになっていました。元はといえば，年度当初に私が「手を合わせてください」を言い間違えただけの話です。そのとき，みんなで手を挙げながら笑ったのが何とも楽しくて，誰からともなく「今日も手を挙げようよ」と言い出すようになったのです。

　これは，担任としての自分の価値観を表していると感じる出来事でもあります。1つは，些細なことでも笑い合えるクラスにしたいという考えです。「何をしていても（何か特別なことをしていなくても）楽しい」と思える関係を育てていきたいと思っています。もう1つは，安心して失敗できるクラスにしたいという考えです。友だちの失敗を馬鹿にしないことや，失敗しないことよりもチャレンジすることの大切さが伝わるような関わりを心がけています。

　「今はこれね」と，ひとつひとつの発言を大切にしていると，どうしても間違いが明らかになります。もちろん，授業中には，その発言があったからこそ学びが深まったと感じられるよう全力を注ぎますが，それだけではなく，「失敗しても大丈夫，失敗は成功のもと！」と思えるようなクラスの雰囲気があれば，魔法の効果はいっそう高まります。そのためには，日頃から失敗を励ましたり，笑いに変えたり，時に教師が失敗する姿を見せたりすることが大切なのではないかと思っています。

魔法の言葉
その10

高橋先生

まずは答えね

#安心感　#自己表現　#明日から使える　#もっと児童主体の授業にしたい
#発言しやすい雰囲気づくり　#授業から脱落させない　#オンラインでも使える
#わからないと言えるクラス

授業での効果的な使い方

　算数では，授業の初めの方で提示される多くの問題が求答式のため，自力解決の後は，「まずは答えね」と言って最初に答えを聞くようにしています。問題文で「残りはいくつですか」や「あわせていくらでしょう」と答えを聞いているのに対して，教師がやり方や考え方，式を聞くのは論理の筋が通りません。また，先生が論理を率先して曲げていることにもなるため，毎回の授業で，子どもたちに「自分の都合で論理を曲げてよい」という間違ったメッセージを送り続けることにもつながると考えます。

　授業展開の効果としては，最初に答えを聞くことで，正しい答えも含め，「わからなかった」や「途中までしかできなかった」など，さまざまな反応がわかるので，その問題に対する子どもたちの傾向が把握できます。机間巡視や机間指導だけではつかみきれなかった，子どもたちのその問題への関心の度合いや理解度を感じることができます。

　ここで，子どもたち側の気持ちを考えてみます。先生が最初に答えを聞くと，子どもにとってはどんなよいことがあるのでしょう。

　子どもたちからすると，最初に答えを発表することで，自分と同じ答えや立場の子がほかにもいることがわかるので，安心感が生まれます。そして，この安心感は，学びを進めるにあたって大切な積極性につながり，算数の問題を自分のこととして捉えられるようになるため，学習内容の定着にもつながります。

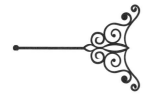 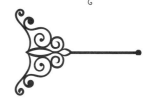

学級経営における効果

　最初に答えを聞くことで，安心感が生まれるとともに，自分と違う答えへの好奇心も生まれます。また答えを出せなかった子も，途中までの自分の考えからどうするかをみんなで考えるように授業が進むため，授業から脱落せずにすみます。自分の困ったことの延長線上で授業が進み，問題解決をもう一歩進めるためにはどうすればよいかがわかっていくので，毎回の授業が，みんなでつくる楽しみなものに変わるのです。

　毎回の授業で，どの子も自分がその算数の問題の解決に関わっていると実感でき，そしてみんなで正解にたどりついたと感じられるとしたら，どうでしょう？　必然的に，学級に一体感が生まれると思いませんか。誰一人困った子を置いていかない，みんなの「困った」に寄り添い，一緒に解決していけるような学級を目指していったら，結果としていつのまにか，みんなでサポートし合える，楽しい雰囲気のクラスができるのだと考えます。

　オンラインで授業をする際にも，最初に答えを聞きます。ただし，オンラインの場合は，手元にホワイトボードや画用紙を置いてもらい，一斉に画面に向かって答えを見せてもらいます。どの子にも自分以外の子の解答結果が見えるので，やはり安心感を得ることができますし，先生にとっては，子どもたちの傾向をつかむことにつながります。

STEP 1 ▼ 聞けるクラス

［魔法の言葉 その10］の効果を高める道具！
▼

教師用机の向き

　教室の教師用机，先生方の机はどこを向いていますか？　教室にある私の机は，教室の出入り口の方を向いています。子どもたちが登校し，教室に入ってきたときに，目を合わせて，誰一人漏らすことなく「おはよう」を言いたい，そういう気持ちから，いつの日からか，教室の出入り口の方を向くようになりました。

　朝の「おはよう」の声かけは，ただの挨拶ではなく，その日の子どもの体調や気持ちの様子をうかがう上でも大切なひと声だと考えます。お互いに笑顔で「おはよう」が言える日常が続くように，気配り，目配り，心配りを大切にしたいものです。

　そしてもう1つ。私は「おはよう」や「ありがとう」の言葉をかける際に，必ず「〇〇さん，おはよう」や「〇〇くん，ありがとう」と，呼びかける相手の名前をつけるようにしています。相手の名前をはっきり呼んで挨拶したり，感謝の意を伝えたりする，ほんのちょっとしたことなのですが，これで，何かが伝わり合うような気がします。ぜひみなさんも実践してみてください。

STEP
1

▼
聞けるクラス

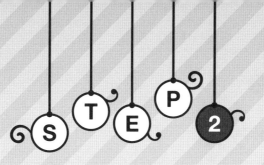

話せるクラス

みんなが思いや考えを伝えちゃう
魔法の言葉

話せるクラス

「聞ける」ことがルールではなく，クラスの文化になってきたら，次は「話せるクラス」へと高めていきたいものです。

話せるクラスも同様で，ルールに沿ってきれいに話せるということが大切なのではありません。自分なりの言葉で，きちんと伝えようとする姿勢を生み出していくことが大切です。

よい意見や考えを言っているけれど何だかクラス全体に広がらない。よく発言しているけれどその子で完結して終わってしまう。発言は多いように見えるけれど，子ども同士がつながらない。そんなに静かなわけではないけれどもう一歩……。そんな授業の雰囲気に，私もぶつかり悩んできました。

話せるクラスというのは，「相手を意識して話をする」ことができているクラスだと考えています。それによって，仲間の意見や反応を感じたり，自分の考えを整理したり，言葉や表現を選択したりしていくことが同時に行われていきます。

そうは言っても，いきなりは難しいですよね。まずは，集団の中で言葉を発せること，どんな意見を言ってもよいのだと安心できる環境が大切です。これには，前ステップの「あったかいクラス」「聞けるクラス」の魔法の言葉が大きな助けになります。

「話せる」ことで生まれた子ども同士の対話の中で仲間の想いを共有し，自分たちで表現を工夫して磨くことで，問題の解決につながっていきます。

ここでは，そのようなステップを踏みながら「話せるクラス」へと高めていく魔法の言葉を紹介します。

青山先生

ジェスチャーで
やってみて

STEP
2

▼ 話せるクラス

#自己表現 #学び合い #授業演出 #一部の児童で授業が進みがち

#高学年の児童が発言しない #児童同士の意見をつなぎたい #授業に活気がない

#オンラインでも使える

授業での効果的な使い方

　いつでも互いの説明を真剣に聞き合い，議論することができたら本当にすばらしいのですが，それはなかなか高度なことです。説明し合う活動に慣れていない子どもたちにとって，言葉や図を使って説明することや，それらを読み取ることは簡単ではありません。だからこそ時々この言葉を使って，比較的簡単な身ぶりや手ぶりでの表現を取り入れてみましょう。

　例えば，5年で平行四辺形の面積の求め方を考える場面があります。ある子が「切って移動して長方形にすれば求めることができます」という説明をしたら，「今の説明をジェスチャーでできるかな？」と問いかけてみましょう。子どもたちは，平行四辺形を底辺に垂直な直線で2つに分け，その一方を動かしてもう一方の反対側にくっつけて長方形にすることを動作化します。中には，2つに分けるジェスチャーに「ジャキーン！」，移動するジェスチャーに「ウイーン」，そして，くっつけるジェスチャーに「ガシーン！」と，効果音をつけて元気に表現してくれる子も出てきます。この活動を存分に楽しむと，三角形，台形，ひし形……と，単元を通して生き生きと求め方を説明していくようになります。

　面積以外にも，多角形を三角形に分割して内角の和を求める場面や，円に内接する正多角形の作図方法を説明する場面など，ジェスチャーは図形領域において特に効果を発揮します。また，数直線図を使って計算の仕方を説明する場面でも，ジェスチャーで表現することを促すと，比例関係を使って2量を操作する動きを全員が表現できるようになります。

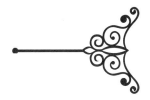

学級経営における効果

　ジェスチャーは，説明し合う活動の堅苦しさを軽減し，気楽さを与えてくれます。また，説明に動きが加わるので，読み取る側も楽しくその動きの意味や表現者の意図を考えるようになります。説明する場面になると手が挙がらなくなるクラスで全員一斉にジェスチャーをやらせてみると，言葉ではうまく表現できなくても，方法をきちんと理解している子がたくさんいることに気づきます。そんな子を見つけたら，「今の動きがとてもすばらしいから，みんなの前でやってみてくれるかな」と励まし，活躍の機会を与えましょう。そしてその子が表現したひとつひとつの動作の意味をみんなで吟味し，丁寧にスモールステップで言語化していくことで，最初に自分の考えを述べた子や，それをジェスチャーで表現した子に寄り添いながら解決過程を共有していくことができます。

　ジェスチャーで表現することに慣れてくると，子どもたちは自然と効果音を加えるようになります。同じようなジェスチャーをしていても効果音は人それぞれです。おもしろい効果音をつけて上手に表現をしている子を見つけたら，「みんなでまねをしてみましょう」と呼びかけ，さらに楽しい雰囲気に盛り上げていきましょう。効果音は，解決に向けた操作を記憶として残す助けにもなります。また，思考を読み取り合う活動を楽しみながら繰り返すことは，友だち同士の仲を深めていくことにもつながります。

　ジェスチャーや効果音のようなちょっとした遊び心やお楽しみがあると，教室に笑顔が増えます。また，自分らしく表現していいんだという安心感や，何を考えて何を表しているのだろう？という互いへの興味・関心が高まっていきます。操作を伴う場面であれば，算数の時間はもちろん，いろいろな場面で使い方を考えることができますので，他教科の学習や生活場面でも子どもたちとバリエーションを増やし，楽しい時間を増やしていきましょう。

STEP 2 ▼ 話せるクラス

［魔法の言葉 その11］の効果を高める道具！

▼

いろいろなジェスチャーゲーム

　子どもたちは，新型コロナウイルスの感染拡大防止を徹底しながら学校生活を送っています。大きな声を出すことや，対面で話し合うことを控える必要があり，日々我慢をしながら生活をしている子たちを見て，何か楽しい活動ができないものかと考えていたとき，声を出さずに伝え合う，「ジェスチャーゲーム」を思い出しました。ジェスチャーは，言葉よりも原始的なコミュニケーション手段で，誰でも簡単にできます。ですから，手軽に楽しめて盛り上がるところがジェスチャーゲームのよさといえます。

　低学年であれば動物やスポーツを当てるような，動きで判断しやすいお題がおすすめです。少し学年が上になると，「誰が，何をしているか」のように2つ以上の要素を当てる必要があるお題にすると盛り上がります。ゲームの形式も動きを見て何を表しているのかを当てる簡単なものから，列ごとに前から後ろに動きをまねして伝え，速さと正確さを競うリレー形式にもできます。

　声を出せない状況でもおもしろさを満喫する子どもたちの様子を目の当たりにしていたからか，算数の授業中に，「それ，ジェスチャーでやってみて」という言葉が自然と出ました。言葉に頼らないからこそ，動きをよく見て，友だちが何を伝えようとしているのかを考える必要感が生まれるジェスチャーの活用方法は，これからも広がっていくのではないでしょうか。

STEP 2 ▼ 話せるクラス

高橋先生

「いい意見だね，もう1回言ってみて」×3

#つながり #授業のメリハリ #明日から使える #表現力

#授業から脱落させない #児童同士の意見をつなぎたい #授業に活気がない

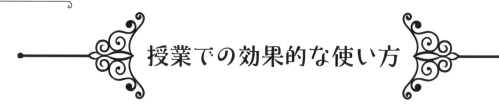

授業での効果的な使い方

　この魔法の言葉は，ポイントになる意見が出た後や，授業のテンポが悪いとき，何となく活気がないときなどに使うことの多いやりとりです。

　大切な意見が発表された後などに，まずは「Aさん，いい意見だね」と応じます。そこで子どもたちのうなずきが少なかったり，どこか上の空のような雰囲気が漂っていたりするときは，いたずら心を働かせつつ，上の空の子に，「Bさん，今の意見をもう1回言ってみて」と指名します。Bさんがよく話を聞いていて，自分の言葉で言えたら，「いいね，よく聞いていたね。自分の言葉で言えるところも最高！」のように，よく聞いていたことを強調し，褒めた後，さらに3人目の子を指名します。この時の声かけは，「お，しっかり聞いていたね，きっとCさんも大丈夫だよね」のように，期待を表に出しつつ，指名します。もし聞いていない場合は，「大切な意見だったのに，じゃあDさんの後もう1回ね」とつなぐようにします。次に当たったDさんが答えられればそれでよいのですが，そうでない場合，Dさんも再チャレンジの対象とし，最初に発言をしたAさんを当てます。

　よい発言をそこで終わらせるのではなく，何回か繰り返すことで，コントのボケとツッコミのようなテンポ感を入れつつ定着を図ります。また，テンポ感を出すこととあわせて，緊張感をもって友だちの意見をしっかり聞ける態度も育てます。

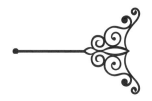

学級経営における効果

　友だちが発表した意見を繰り返して言うことは，自分の意見を0から考えて他人にわかりやすく伝えるよりもハードルが低いため，どの子でも取り組める課題です。しかし，みんなの前で発表する，意見を言う機会という意味では，0から自分で考えた意見を発表するのと同じように，緊張感を伴う貴重な機会でもあります。特に普段あまり発表しない子にとっては，非常に誇らしい体験になりますので，みんなの前で発表することへのハードルを下げるよい機会となります。

　また，子どもたちが，「友だちの意見を繰り返して言うことがある」ということを認識すると，友だちの発表に対して常に注意を払い，集中して聞くようになります。このことは，意見を理解するだけでなく，友だちを認めることにもつながります。

　友だちの意見に対して，聞いている側の子たちが，うなずいたり，相づちをうったりするような受容的な態度で聞くことができるようになると，話す側はますます話しやすくなります。聞き手を育てることは話し手を育てることにつながり，話し手と聞き手の関係がよくなると，子どもたち同士の関係が深くなり，結果的に学級の雰囲気がよくなります。

　この魔法の言葉は，オンライン授業でより効果を発揮します。

　オンラインでは，授業を受ける子どもたちはどうしても受け身になりがちです。しかし，この魔法の言葉を使うことで，より多くの子どもに発言を促すことができ，子どもたちの参加度を上げることができると考えます。

STEP 2

▼ 話せるクラス

[魔法の言葉 その１２] の効果を高める道具！
▼

大根抜き

　みんなで遊ぶゲームに，「大根抜き」があります。腕を組んで輪になってうつぶせになった友だちの足を，大根に見立てて抜くのです。

　このゲームで，もし，男女交互に腕を組むことが抵抗なくできるようになったとしたら，最高によいクラスになることは間違いないでしょう。

抜けた～！

　しっくりいかないクラスに特徴的なこととして，男子と女子の仲が何となくよくない，ということはないでしょうか。男女仲良く，みんなが誰とでも分け隔てなく遊べるクラス，それが理想のクラスの１つの形ではないでしょうか。

　この大根抜き，低・中学年では，みんなで楽しむことができますが，５年ぐらいからは工夫が必要です。

　まずは，男子VS.女子で戦います。これを繰り返すと，力の差で男子が勝ちます。そこで男女混合にします。すると，女子が隣り合って組んでいるところが狙われるようになります。作戦会議を通して，少しずつ男女交互に組めるようになっていきます。が，無理強いは逆効果です。大根抜きに限らず，手つなぎ鬼（分裂なしバージョン）や増え鬼など，走るのが速い子も遅い子も，みんなが分け隔てなく参加できるゲームを組み合わせつつ，少しずつ男子と女子の仲のよいクラスを目指せるとよいと思います。

楳原先生

確かめながら
話してごらん

STEP
2
▶ 話せるクラス

#児童同士の関係をよくしたい   #比較検討場面が「発表会」になりがち

#児童同士で意見を聞き合い，やり取りできるようにしたい   #自己有用感

#居場所感   #他者理解

授業での効果的な使い方

　算数の授業で，子どもたちに「説明する」ことばかりを求めてしまいますが，そもそも誰に説明するのか？という根本のところが抜け落ちないように気をつけています。

　授業中に発言する子どもにありがちなのが，教師の方を向いてばかりで，友だちの顔を見られないことです。教師の方を向いているのならまだしも，黒板に向かって独り言……ということも珍しくありません。そういうときにはすかさず，「あなたのクラスメイトは黒板か！？」とツッコミを入れて冗談にしながら，話し方の指導をすることもあります。私たちの理想としては，友だちの顔を見て，その反応を確かめながら自分の考えを伝えてほしいのですが，なかなかうまくいきません。これでは比較検討にはほど遠い，考えの発表会になってしまいます。

　そういうときに「はじめの一歩」として使う魔法の言葉が，「確かめながら話してごらん」です。具体的には，「ここをこうするでしょ？　だからこうなるじゃん？」のように，「〜でしょ？　〜じゃん？」と区切りながら話すことを促していきます。初めのうちは，それすらも恥ずかしがってできない子どもが多いかもしれません。そこは無理強いをせずにグッと堪えて，誰かが「〜でしょ？」と確かめながら発言する瞬間を待ちます。いざそのときが来たら，話し手の子どもではなく，聞き手の子どもの動きに注目します。うん……とうなずいたり，「でしょ？」によって目線を上げたりする子どもがいるはずです。その聞き方を価値づけながら，「こうやって区切って話すと，聞いてくれる友だちが増えるね」と話し手側にフィードバックしていきます。

　子どもたちと共有したいのは，「話すときには『相手』がいる」ということです。相手意識をもつことによって，子どもは順序よく説明することや，図を示しながらわかりやすく伝える必要感をもっていきます。そしてその必要感こそが，根拠をもって論理的に思考したり表現したりする力につながっていくのです。

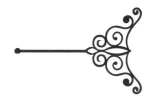

学級経営における効果

　子どもたちは，休み時間や放課後の人間関係を，そのまま授業に持ち込もうとすることがあります。例えば「いろんな友だちのノートを見ておいで」のような活動をするときに，教室の隅でいつもの仲良しグループが集まる，あの感じです。正直なところ，学習の時間の態度としてはあまり好ましくありません。この魔法の言葉は，それを解決するきっかけとすることもできます。

　ある子どもが，「〜じゃん？」と発言を区切りました。私は合いの手を入れるように，「あ！　○○さんが聞いてくれているね！」と，その子どもとは普段あまり仲良しのグループではない別の子どもの名前をわざと挙げます。発言している子どもは，私が名前を挙げた子どもを自然と意識することになります。その後のノートを見せ合う時間には，ダメ押しをするように「さっき，○○さんが熱心に聞いてくれていたのだから，○○さんのノートを見ておいで」と伝えます。うまい具合に，そのまま2人が考えをやり取りするようならば，「あなたたちは，算数だといいコンビかもしれないね！」とたくさん褒めてあげます。

　特に高学年になれば，休み時間や放課後の友だち関係まで教師が介入するのは難しくなります。口出しをすることが，かえって逆効果になってしまうことも多いです。しかし，この魔法の言葉をきっかけにすれば，（少なくとも授業中は）いつもの友だち関係を越えさせることができます。「授業中の仲良し」を，たくさん増やしてあげてください。

STEP
2
▼ 話せるクラス

［魔法の言葉 その13］の効果を高める道具！
▼

発言した子どもに，クラスが動き出すのを眺めさせる

　私はどの教科の授業でも，ペアやグループでの活動を取り入れます。ペアやグループ活動が有効な場面はいろいろと考えられますが，もっとも手軽で効果的なのが「予想と再生」です。具体的には，Aさんが発言している途中でストップをかけ，ほかの子どもたちでペアやグループをつくって先を「予想」させます。さらにAさんの発言がすべて終わった後，同じことをペアやグループ内で「再生」させるというものです。この活動を取り入れていくと，授業に活気が生まれ，子どもの授業への参加度が上がっていきます。

　発言した子どもは黒板の前に立たせたまま，ペアやグループで話し始めた友だちの姿を眺めさせます。そして，「あなたの説明がわかりやすいから，みんなが先を『予想』しようとしている」「あなたの説明に価値があったから，みんながちゃんと聞いて，『再生』している」「自分の考えを友だちが聞いてくれるって，やっぱりうれしいよね」などと，こっそり耳打ちします。

　文章にしてみると若干わざとらしいように感じるかもしれませんが，多くの子どもにとって，自分の発言がきっかけでクラス全体が動き出す経験は新鮮なものです。発言している子どもの表情に自信が宿っていくのを感じることができます。

　全体の前で発言することは，実は大人でも難しいものです。間違えたり，場違いな内容だったりしたらどうしよう……，多くの葛藤を乗り越えて，子どもたちは黒板の前に出てきてくれています。そんな勇気ある子どもの行動に，少しくらいのご褒美があってもいいと思うのです。

魔法の言葉
その
14

工藤先生

〇〇ってことね？

#意欲づけ　#学校だからできる学び　#好奇心を刺激する

#みんなでつくる授業　#もっと児童主体の授業にしたい

授業での効果的な使い方

　発言が多く，活気のある授業にしたいというのは，授業者なら誰もが願うことではないかと思います。しかし，友だちの前で自分の思いや考えを伝えるというのは，「発言しましょう」と促しても，なかなかできることではありません。1つは，ステップ1「聞けるクラス」に示したような手だてで，まず聞き手から育てるという視点が必要だと思います。もう1つは，子どもがむきになって伝えたくなる場面を演出するという方法があります。

　そのために有効なのが，この魔法の言葉です。例えば，子どもの発言に対して，わざと間違えた解釈をして「○○ってことね？」と返したり，問いを見つけさせるためにあえて不完全な状態でまとめたりします。すると子どもは，むきになって反論してきます。この熱量が，発言につながっていくのです。

　例えば，3年の「かけ算の筆算」の第2時では，授業の冒頭に，「前回どんなことができるようになったの？」と問いました（写真は，その板書です）。子どもからは，「1けた×2けたの計算ができるようになった」という発言が返ってきます。そこで，「1けた×2けたなら，どんな計算でも答えが求められるようになったね！」と大げさにまとめました。

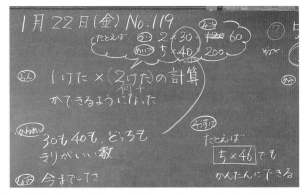

すると子どもは，「かける何十という，きりのいい数しか考えていないよね？」「きりの悪い数もできるのかな？」「5×46みたいな計算もできそう」という具合に発言を続けてくれました。もちろん教師側から問題を提示するのが悪いというわけではありませんが，子どもが問いを見つけられる隙間を設けておくことで，子どもたち自身が数の範囲を広げるための問題を設定することができました。

 STEP 2 ▼ 話せるクラス

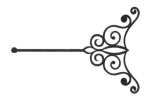

学級経営における効果

子どもは基本的に,「やってみたい！」「やってみよう！」という好奇心や意欲に満ちあふれています。しかし,それに制限がかかりすぎると,持て余したエネルギーが正しくない方向に使われだしてしまうように感じています。したがって,1日の大部分を過ごす授業で好奇心や意欲を満たしてあげることが,学級経営においても重要だと考えています。

「○○ってことね？」という発問は,その「やってみたい！」「やってみよう！」を引き出すためのものです。先ほどの3年の「かけ算の筆算」の例では,「1けた×2けたなら,どんな計算でも答えが求められるようになったね？」と発問していますが,その後に考えさせたいことは,教科書にある「○○×○○の計算の仕方を考えよう」という発問と同じです。しかし,「きりの悪い数もできるのかな？」という問いを子どもから引き出すことで生まれるエネルギーは,教師から問題を与えた場合とは比べものになりません。

子どもが困ると,大人も困ります。子どもが困らないようにすれば,大人も子どもも楽です。しかし,子どもが困らないということは,困ったことを乗り越える経験ができないとも言いかえることができます。そして,子どもは適度な「困ったこと」を乗り越えようとするときに夢中になり,それを乗り越えたときに成長するのではないかと考えています。自分の授業を振り返っても,子どもが学習から離れてしまった場面の多くは,「〜しましょう」「〜してごらん」と小刻みな指示が続いたときや,子どもを理解させようと教師が解説を始めたときです。授業に限らず,子どもたちと関わるときは,できるだけ自分が前に出すぎないようにして,子どもたちに前を歩かせたいと思っています。

STEP
2
▼ 話せるクラス

［魔法の言葉 その１４］の効果を高める道具！
▼

問題練習

　先生方から意外と相談を受けるのが，単元末の問題練習です。問題を解くスピードに差が出てしまうため，余分にプリントを刷ったり，難しい問題を用意したりという対応をしている方がいらっしゃいました。もちろんそれが悪いというわけではないのですが，学校の授業では，問題練習の場面でも，学校だからこそできる学びを目指していきたいと思っています。その方法の１つが，グループで取り組ませるというものです。そこでは，約束を３つ設けています。

　　①まずは自分でやってみる。
　　②わからなかったら聞く。困っていたら声をかける。
　　③答えは教えない。できるようになるためのサポートをする。

　「自転車に乗れない子を乗れるようにするには，代わりに乗ってあげても仕方がないでしょ？」「先生が一人ひとりを個別に教えている時間はないから，あとはグループに任せたよ」「来週，テストね」などと話を交えながら約束を伝え，あとは子どもたちに前を歩かせるイメージで，なるべく子どもたちの様子を褒めることに徹します。すると，子どもたちは本当によく学び合うのです。この真剣さは，教師がいくら頑張って問題の解説をしても，引き出せるものではありません。また，困っているときに友だちを頼れる，困っている友だちに寄り添えるというのも，学級経営上とても大切なことだと思っています。

小宮山先生

わからない具合は？

#わからないと言えるクラス #授業から脱落させない #みんなでつくる授業

#自分の意見は間違いなんだと落ち込む児童をフォローしたい #他者理解

#他者を否定しないクラス

授業での効果的な使い方

「わからない」と言える学級文化はとても大切です。そこには安心感があるからです。まずは，「わからない」と言えることがスタートだと思います。

　そのような雰囲気，安心が保証されているようになったら，そこからさらに一歩進めたいですよね。ただ「わからない」という発言から，「どこまでわかって，どこからがわからないか」あるいは「こうやってやろうとしたんだけど，わからなくなった」など，自分がどこで困っているかを少しずつ表現できることが大切になります。

　例えば，友だちの考えが全くわからないのか，式の部分がわからないのか，言葉がわからないのか，それらを自分の言葉で表現していくことが必要です。そうすることで，自分自身の問題意識を焦点化することができます。

　また，自力解決の後に，答えが出ない子もいます。そのときの全体の状況を把握して，答えを聞くのではなく，「わからない具合」を先に聞くことで，クラス全体として今取り組むべき問いを焦点化し，表出させることができます。

子どもたちから出た
「わからない具合」の例

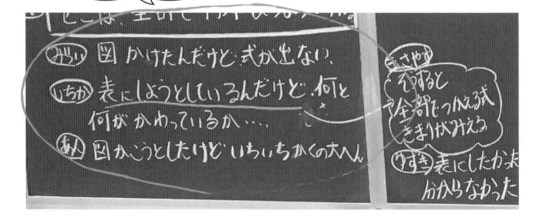

STEP
2
▼ 話せるクラス

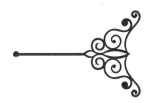 

学級経営における効果

　「わからない」と言うことができる，安心感のある学級の文化ができあがると，周りの子どもたちは，何とかアドバイスをしてあげたいと思い始めます。「○○さんは，どこがわからないのかな？」と，一緒になって考え，解決したいと思い始めるのです。

　「わからない具合」を話せることによって，「それならこのアドバイスがよいな」「もっと具体的に話をしよう」などと，クラス全体の表現力を高めることになります。

　また，「わからない具合」を聞くと，「どうしてその子はこのように考えようとしているのだろうか」と相手の立場に立って考えられるようになります。そして自分が考えていたことではなくても，「言いたいことわかる！」と相手の気持ちに寄り添って考えられるようになります。

　仲間の困ったところに寄り添い，「わからない」と言えた子どもが「わかった！」と言えるように，何とかしてあげようと子どもたちが協力し合うことで，助け合いが生まれます。そして「わかった！」と言えたとき，周りの子たちは「やったー」と声をあげ，自然と拍手が湧きます。他者の気持ちに寄り添い，全員で解決することの喜びを味わうきっかけにもなるのです。

　また，自分で解決する喜びの積み重ねが自分たちで創る学習への喜びへとつながっていきます。

STEP
2
▼話せるクラス

［魔法の言葉 その15］の効果を高める道具！

▼

手紙や返却物

　私は係活動について，必要だから決めたいと子どもから言われるまでは特につくりません。ですので，例えば配り係がいません。ということは，誰が配るとは決まっていません。返却物については主に帰りの会などに行うので，帰りの支度が早く終わった子などが行ってくれます。そして私は座りながら「あっ，もう○○さんは，自分のことを終えて，クラスのことまでやってくれているよ」などと全体に声をかけるだけです。すると，自分の支度を早く済ませて，他者やクラス全体に目を配るようになります。このスタイルは，配る人がいつも同じ人になりそうですが，そんなことはありません。意外といろんな人が配ってくれるようになります。

　手紙についても同様です。よく目にするのは，列のいちばん前の人に渡して回したり，班で担当を決めてその人を呼んで渡したりする光景です。私は，手紙を毎回違う子どもに渡します。すると，その子のところにみんなが取りに来るのです。列や班など自分たちで声をかけ合いながら，誰かが取りに来ています。

　決められた担当だからするのではなく，自分たちで何とかするということを意識させていくことが大事です。担当を決めずにいると，子どもなりに「これもらった？」とか「今，手あいてるから行ってくるね」などと自分たちで確認をしたり，助け合ったりする場面を創ることができるのです。教師はそれを見逃さず聞き逃さず，後で大いに褒めるだけです。とても楽です。

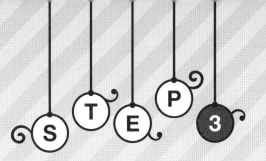

認め合えるクラス

みんながお互いに分かり合えちゃう

魔法の言葉

認め合えるクラス

大人も子どもも，自分が認めている相手からはより多くを学び，自分が認められていると感じることができる環境でこそ力を発揮できます。したがって，互いに認め合い，自分が認められていると自信を持てるクラスを育てていくことが，子どもたちの成長を促していくといえます。

そのために，身近なモデルである教師が，子どもたち一人ひとりを「認める」ということを実践できていなければならないのは当然のことですが，実は簡単なことではないと考えています。特に，大人の都合に合わせて行動しない子や，集団の規律から外れがちな子を，ほかの子と同じように認めることができているでしょうか？　まず，教師が自分の思い通りにならない子を悪者のように見るのをやめ，そのような子とのやりとりを楽しめるようでなければ，誰しもが認め合えることの価値は浸透していかないのではないかと思います。

その上で，授業の中に，子どもたちが互いに認め合える場面を散りばめていきます。これは，「あったかい」雰囲気を土壌とした，「聞ける」「話せる」という関係のもと，疑問や間違い，素朴な考えが自然と表出されることが前提となります。そこに，これから紹介する言葉で魔法をかけ，きっかけとなった発言の価値や，自分とは違う存在そのもののよさを認められるようにしていくのです。

この繰り返しによって，子どもたちは誰の発言であろうと公平に意味や意図を理解しようとするようになり，言葉をつないで論理を修正したり補ったりしながら，よりよい学びを創り上げるようになります。また，その認め合いや学び合いによる感動が子どもたちの意欲を高め，活躍の場が増えることで自己肯定感を高めていきます。

さあ，いよいよ最後のステップです。魔法の言葉で「認め合えるクラス」を育て，子どもたち自らの歩みを促していきましょう。

魔法の言葉
その
16

工藤先生

何人うなずいて
くれるかな？

#自信　#居場所感　#自己肯定感　#よさを見る目　#学び合い

授業での効果的な使い方

　この魔法の言葉も，授業の達人から学んだものです。このような声かけを教えてくださったのは，当時，筑波大学附属小学校で授業をされていた，細水保宏先生です。

　子どもが黒板の前に出て説明するとき，ついつい黒板の方を向いて話してしまいがちです。たとえ，「みんなの方を向いて話してごらん」と声をかけたとしても，なかなか聞き手を意識するまでには至りません。そんなとき，次のように声をかけます。

　「先生だって，ここにいる全員を1回の説明で納得させることはできないよ。でも，一生懸命話したら，きっと5人はうなずいてくれるはず。何人うなずいてくれるか確認しながら話してごらん」

　するとどうでしょう，本当に魔法がかかったように，発言者が聞き手を意識します。また，この声かけの素晴らしいところは，同時に聞き手にも反応を返すことを意識づけられるということです。「友だちがわかっているか確認しながら説明してくれたから，とてもわかりやすかったね」「そんなふうにうなずきながら聞いてくれたら安心して話せるよね」と価値づければ効果は倍増します。

　さて，こうして話し手と聞き手に相手意識が育つと，双方によい効果が表れます。まず聞き手は，あたたかい反応に加えて，「どういうこと？」「ちょっと違う気がする……」といった素直な反応を見せてくれるようになります。そして話し手は，聞き手の反応に合わせて噛み砕いた言葉を使ったり，具体例を交えたり，図を用いたりするようになります。このように，「伝えたいけれどうまく伝わらない」「理解したいけれどわからない」「意味はわかったけれど違う気がする」といったギャップが論点になり，思考や表現を洗練していく話し合いを促進していきます。「認め合えるクラス」とは，わかったふりをするのではなく，「わからない」や「違う」という思いをしっかり伝えて，高め合っていけるクラスなのではないかと考えています。

STEP 3 ▼認め合えるクラス

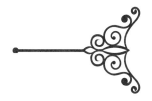

学級経営における効果

　移動教室でのバス移動中の出来事です。隣同士に座っていた男の子と女の子が，しりとりを始めました。その男の子はやんちゃ坊主で，出会ったときは友だちから距離を置くタイプだったので，私はうれしくなって耳をそばだてていました。しばらくすると，男の子は言葉が思いつかなくなります。すると，大きな声で，「誰かー，『り』のつく言葉を教えてくれー」と周囲に助けを求めました。そして，次第にクラス全体が巻き込まれ，みんなで言葉をつないでいく不思議なゲームとなりました。

　このときに感じたのは，何か特別なことをしていなくても，一緒にいて楽しいと思える存在のすばらしさです。私も，恩師に「何をやるかも大事。でも，誰とやるかも大事」と言われたことがありますが，その意味がわかった気がしました。バスの中には，みんなのことを認め，自分もみんなに認められていると思える空気が確かにありました。

　さて，クラスのその先を考えたとき，やはり私たち教師の先を，子どもたちが自ら歩んでいけるようなクラスに育っていってほしいと願います。そのためには，本音で話し合えなければなりません。つまり，どの意見もよしとするのではなく，わからなければ「どういうこと？」と，違うと思ったならば「でもさ……」と，自分の思いを素直に表現してほしいのです。このとき，互いに相手意識がなければ，話し合ってよりよくしていくことはできません。「何人うなずいてくれるかな？」という言葉は，認め合いを促すだけではなく，このような相互のつながりを育てるきっかけともなる言葉だと思います。

　客観的に見てどのようなクラスだったのかはわかりませんが，卒業した彼らが大人になって再会したときに，新たな活躍の場で認め合い，高め合える関係を築いていてくれると信じています。

STEP
3
▼ 認め合えるクラス

［魔法の言葉 その１６］の効果を高める道具！

▼

公式キャラクター

　右の絵は，算数の授業中に生まれたものです。ある男の子に，自信をつけてほしいと思っていた矢先に，ノートにこの時計の絵が描かれているのを発見しました。すかさず黒板に描いてもらうと，ほかの子が「なんだか人の顔に見える！」と言うので，口をかき，みんなで名前をつけました。そして，これはチャンスと思い，翌日からさまざまな場面でこの絵を登場させてクラスのキャラクターとしました。

　その男の子はもちろん気をよくして，算数の授業での発言も増えました。キャラクター化をきっかけに，少しは自信をつけられたのではないかと思います。

　ちなみに，クラスにはほかにもいくつかキャラクターがいます。ある男の子がコントの道具として家で描いてきたマグロは，あまりの大作だったため学級目標になりました。

　下の柿のようなかわいいマスコットは，「かきこ」といって，「考えよう・切り替えよう・行動しよう」をクラスの合言葉にしていたときに，ある女の子が，おばあちゃんに裁縫を習いながら作ってきてくれました。

　学校では，どうしても運動や勉強ができる子が注目されがちです。しかし，クラスにいる子には一人ひとりそれぞれのよさがあります。キャラクター化は個性豊かな子どもたちに活躍の場を与える作戦の１つです。子どもたちにとって，活躍の機会は多ければ多いほどよいと思っています。

魔法の言葉 その17

高橋先生

似た意見の人，違う意見の人いますか？

#つながり #自己主張 #わからないと言えるクラス #他者理解
#他者を否定しないクラス #児童同士の意見をつなぎたい
#もっと児童主体の授業がしたい

授業での効果的な使い方

　子どもたちから答えを聞いた後，または最初に誰かが発言をした後，みなさんはどのような発問をされていますか。私の場合は，今の意見や説明に関して，まずは「質問はありますか？」と問います。もし質問がないようでしたら，次に「似た意見の人はいますか？」や「似た方法の人はいますか？」と問います。

　もし質問があるようでしたら，その質問を聞くことで，発表された意見や解決方法を細かく見ていくことができます。そしてその意見や解決方法が正しければ，質問を聞きつつ細かくやりとりすることで，子どもたちの理解が深まります。

　似た意見や方法を発表してもらう場合も，質問と同じような効果があります。なぜなら「似た」部分の多くは，その授業で学んでほしい本質に関係がある場合が多いからです。「似た」の中には，先生から見ると，単に横に書いた表を縦に書いたように見えたり，数直線のめもりが細かくなっただけのように見えたりする意見もあります。しかし，そこに思わぬ工夫が隠れていたり，見え方が変わることで理解が進んだりすることもあるので，決めつけることなく，子どもたちの意見を尊重することが大切です。

　一方で，私が常日頃からこれだけはしないように，と心がけている発問に「ほかに意見はありますか？」があります。この発問は，言外に「その意見は好みではないよ」と言っているのと同じになってしまいます。子どもたちが勇気を出して述べた意見，ぜひ大切にしたいものです。

STEP 3 ▼ 認め合えるクラス

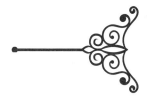

学級経営における効果

「質問はありますか？」「似た意見はありますか？」「違う意見の人はいますか？」を問うように心がけると，子どもたちは，発表された友だちの意見と自分の意見との相違を考えながら，意見に対して真剣に耳を傾けるようになります。また，単に耳を傾けるだけでなく，相手の立場に立って考えられるようになります。たまたま間違えてしまった子の意見に対して，「私も初めは同じように考えたんだけど……」のような意見も聞かれるようになます。間違えてしまったり，うまくいかなかったりした意見にも，徐々に寄り添えるようになり，思いやりのあるあたたかい雰囲気が流れるようになります。

この3つの発問を心がけると，授業中に出されたすべての意見がその授業の中で関連づくようになります。違う意見を言った子でさえ，前に発表された意見とどこが違うのか，その部分を発表することで，前の意見との関連がはっきりし，学びを深めることができます。また，たとえつぶやきでも，何か意見を言った子はその授業の中で自分の意見が生き続けるため，自己肯定感が高くなるとともに，安心感や居場所感も高まります。

「ほかには？」と問うたらどうでしょう。本来ここで出される意見は，前の意見と違いさえすれば，何でもいいはずです。しかし多くの場合，子どもたちは先生の「ほかには？」に見合う意見を探そうとします。つまり，子どもたちは，先生の意図を探るようになるのです。これは人の顔色をうかがう習慣をつけることにつながるので，結果的に，学級から自分で判断する習慣や，積極性，溌溂（はつらつ）とした雰囲気をなくしてしまうことになります。

オンライン授業でこの3つの質問を使用する場合には，子どもたちの意見がそれぞれ画面上でわかるようにするとよいでしょう。私がオンラインで授業をした際には，「同じ意見」を青色の折り紙，「違う意見」を赤色の折り紙にして手元に用意するように，子どもたちに伝えていました。オンライン上で問題を提示して自力解決を促し，最初の人の意見を聞いた後，同じ場合は青を，違う場合は赤を出すように指示するのです。すると，子どもたちの傾向がパソコンの画面上で一目でわかるため，折り紙の色を参考に意見を聞きながら授業を進めることができます。

STEP 3 ▼ 認め合えるクラス

[魔法の言葉 その17] の効果を高める道具！

▼

増えオニ（ふ）

　鬼ごっこ。昔からあるポピュラーな遊びですが，みなさんのクラスではどのような鬼ごっこをされていますか。私のクラスでは，「増えオニ」をすることが多いです。ちなみに，私の経験からすると，子どもたちと休み時間に外で一緒に遊ぶことの多い先生のクラスは，比較的学級経営がうまくいっていることが多いです。私は55歳を過ぎた今でも，子どもたちと一緒に外で増えオニをして遊んでいます。

　増えオニの最初の鬼は3人程度がよいと思います。私のクラスの場合は私が最初の鬼をさせられることが多いですが，残りの2人の子たちと一緒に声をかけ合い協力しつつ鬼を増やしていきます。この「声をかけ合い，協力しつつ」の部分がとても大切なのだと思います。共通の目的をもった言葉のキャッチボールが仲間意識を育むため，この回数が多ければ多いほど，学級としてのまとまりが強くなると考えます。また，増えオニは，足の速い子や隠れるのが上手な子だけが主役になる遊びではありません。足の遅い子でも仲間と協力することで，足の速い子を捕まえることができるため，どの子も楽しめるようです。

　増えオニは，みんなで協力して最後まで残っている人を捕まえるため，協力することの楽しさや，声をかけ合うことの大切さを自然に学ぶことができるので，学級の雰囲気をよくするのに一役買っているようです。

S
T
E
P
3

▼ 認め合えるクラス

楪原先生

この考えを聞いて，よかったと思うことはある？

#学校だからできる学び #比較検討場面が「発表会」になりがち #よさを見る目

#クラスメイトの意見を聞けるクラスづくり #学び合い #つながり

授業での効果的な使い方

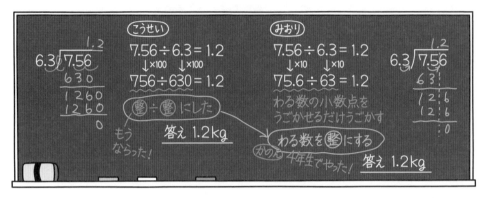

　小数÷小数の単元で，わり算のきまりを使って整数化するところまで共有した後，子どもによって考え方が異なったので2つの考えをピックアップしました。

　教師としては，みおりさんの考え方にもっていきたいのですが，若干，こうせいくんの側に立って授業を進めました。ポイントは，こうせいくんの考えがよいとか正しいとかを問うのではなく，「こうせいくんの気持ちがわかる？」と問いながら授業を展開していくことです。「こうせいくんがやりたかったことがわかる」「初めは，私もそうしていた」という共感の反応をたっぷり引き出していきます。

　最終的には除数を整数にしていく方法でまとめていきますが，授業の最後に子どもに聞いたのは「こうせいくんの考えを聞いて，よかったと思うことはある？」ということです。すると，「塾で筆算の方法は知っていたけれど，どうしてその方法でやるのかの理由がわかった」「比べてみることで，みおりさんの考えのよさがよくわかる」といった反応がありました。

　子どもたちの学びは，明らかに太くて深いものになっていました。その後，私は「遠回りを知っているから，近道もわかる」「一人で勉強していては，今日の経験はできなかった」と価値づけました。

　誤りや遠回りの考えが出されたときに，慌てて教師がフォローしたり，「ほかの考えはありますか？」とスルーしたり……。そのような教師の姿を子どもたちはしっかりと見ています。どの考えに対しても教師が興味をもって接し，よさを見つけていこうとしている姿を見せるためにも，「この考えを聞いて，よかったと思うことはある？」と聞いてみてください。

STEP
3
▼ 認め合えるクラス

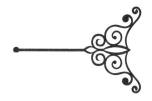

学級経営における効果

　教師が「正しい」「速い」だけを重宝すれば，それ以外のものに子どもたちは価値を見出せなくなっていきます。ただでさえ子どもたちは，○か×かの結果だけに目を向けてしまいがちです。多数決に頼って物事を決めていこうとすることも少なくありません。

　しかし，この魔法の言葉を使いながら授業を繰り返していくと，子どもたちは結果だけではなく，考えの始まりや途中に目を向けるようになっていきます。結果だけを見れば自分と違う考えではあるけれど，その始まりや途中はとてもよくわかるものだった。そういう経験が，日々の生活の中で認め合い，わかり合おうとする気持ちにつながっていきます。考えの始まりや途中を知ることは，共感するポイントを増やすきっかけにもなっていくのです。

　この魔法の言葉を実践する姿勢は，教師である我々にも必要なものだと考えています。何か指導しなければいけない……，例えば掃除をサボっていた子どもがいたとします。もちろん結果としてサボったことを指導するのは必要ですが，その前に「どうしてサボったのか？」を聞いてみてはどうでしょうか。「別の班の掃除を手伝っていた」「低学年の子が泣いていたので，担任の先生のところに連れて行った」のように，教師が想定もしなかった「始まり」や「途中」が隠されているかもしれません。

STEP
3

▼認め合えるクラス

・コラム・

［魔法の言葉 その18］ の効果を高める道具！

▼

ICT機器の危機

　授業が終わった後，ある女の子が私のところに来てこう言いました。「先生，気づいてる？　最近，授業のスピードが速くなっているの」私は驚きました。そのような自覚が全然なかったからです。「だってね，最近電子黒板に友だちのノートを映して，それを見ながら話し合いするでしょう」確かに……。勤務校に電子黒板や書画カメラが導入されたので，早速それを取り入れた授業をしていたのです。その子はこう続けました。「あのね，私は，友だちがかいている図の途中を見ないと，気持ちがわかりにくいんだよね」。

　ICT機器は便利です。私がそうしていたように，子どものノートを一瞬で黒板に映しだすことができます。でもそれは同時に，発表する子どもの考えの「結果」を映しているだけともいえるのです。どんな順番で図をかくのか，どこで迷うのか……，この女の子は，発表する友だちの思考や気持ちの「途中」を，予想したり追体験したりしながら学んでいたのでした。

　それ以降，私は口癖のように「友だちの考えは，始まりと途中を聞かないとわからないんだよ」と，子どもに伝えています。オンライン授業が模索され，必要とされる時代になりましたが，便利さや新しさだけに目を向けていくと，子どもの「途中」の学びを奪うことにもなりかねません。この視点を忘れずに，新たな学習環境をデザインしていこうと思います。

　学び方を子どもから学んだ，貴重な体験でした。

魔法の言葉
その
19

間違いが
間違いじゃなく
なったね！！

STEP
3
▼ 認め合えるクラス

#仲間意識　#よさを見る目　#発言しやすい雰囲気づくり　#表現力

#自分の意見は間違いなんだと落ち込む児童をフォローしたい　#他者理解

#他者を否定しないクラス

授業での効果的な使い方

　子どもが一生懸命考えた意見は何とか取り上げたいものです。その中には，間違いといわれてしまうものや答えにたどりつくものなどいろいろあります。元気に手を挙げてくれた子の意見が誤答だったとき，どうするでしょうか。

　例えば，下のように立式を間違えてしまう発言があったときに，「合っていますか？」と問うと「違います」で終わってしまいます。そして正答とされる方の意見に焦点が当たりすぎて，誤答とされる意見が授業からまるで消えてしまったかのようになります。

　しかし，「間違いを間違いじゃなくするためには……」と問うと，「問題が〜だったら」と新しい問題をつくろうとする発言を生み出すことができます。このような考えは，新しい問題を見出そうとする態度にもつながっていきますね。自分とは違う意見に対しての視点を持つことができるようになるので，「あの答えの気持ちわかる！」などと自然と言い始めるようになります。

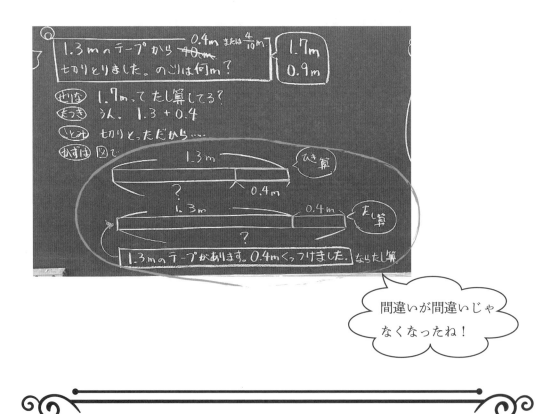

STEP 3 ▼ 認め合えるクラス

間違いが間違いじゃなくなったね！

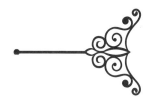

学級経営における効果

　このような場面が起こると，何となく2種類の問題を考えたような気持ちになります。子どもたちとは，「ラッキーだったね！！」と話をしながら，間違えていたかもしれないけれど自分の意見を発言してくれた子，それを「こうすれば，正解になる！」と発言してくれた子を大いに褒めてあげることができます。

　間違っていたらどうしよう？　と多くの子どもは思っています。ですから，間違いが間違いであると指摘されただけだと，これから発言することに不安を感じるようになってしまいます。でも，このように「○○さんが発言してくれたおかげ。ラッキーだったね」と終わることができれば，ポジティブな雰囲気をつくることができます。そして，何かあっても，自分たちで仲間を助けるんだという仲間意識，助け合いの心が広がっていきます。

　また，このような体験の積み重ねは，自分とは違う意見や考えを理解しようとする視点を持つことにつながります。自分の考えを正当化するための理由を述べるのではなく，自分とは違う意見を何とか正当化させようと考えるからです。

　ポジティブな発言を生み出す雰囲気のあるクラスや，友だちの考えをむやみやたらに否定しないクラスづくりにもつながっていきますね。

［魔法の言葉 その19］の効果を高める道具！

▼

グループ活動

　グループ活動を行うときに，お隣さんと……とか，班で……などと行うことが多いですよね。どちらも場合によってはそれぞれ意図があると思います。私は，特に意図がなく活動できる場合は，自由にグループを構成するように伝えます。例えば，「近くの人と5人組ね」などです（そのようなときは，クラスの人数が割り切れない数にします）。

　これは，クラスの現状を知る1つの手だてになります。なぜなら，クラスの男子と女子の距離感が見てとれるからです。お隣や班だと男女の構成が決まっていますので，そこが見えません。あえて，人数だけ伝えて自由に組ませることで，男子と女子の距離感の現状が見えます。高学年になればなるほど，男子と女子の距離感が近いこと，壁がないことが雰囲気のよいクラスの特徴として挙げられます。

　よって，私は子どもたちの組み方を見ながら，男女問わずに組もうと考えている子を見つけて，大いに褒めるようにもしています。加えて，クラスの男女の距離感が近いことのよさを説明してあげることも大事ですね。

　割り切れない人数にするのは，そのときに子どもがどうするかを見守り，褒めたいからです。自分のグループができて終わりとするのではなく，全員がグループを組むことができているか，クラス全体を気にかけている子を大いに褒めるきっかけになります。

青山先生

今日から君は
○○係

#明日から使える #授業に活気がない #オンラインでも使える

#意欲づけ #もっと児童主体の授業にしたい #チャレンジする姿勢を育てたい

#自己主張 #自己有用感

授業での効果的な使い方

　例えば，比例関係を前提とした乗除法などの問題を解決する際に，演算決定や計算方法を説明するための道具として数直線図を活用したいと思ったとします。最初のうちは，子どもたちと数量関係を確認しながら先生がかいてあげなければならないかもしれませんが，いずれは必要な場面を自分で見出して使うようになってほしいものです。ですから，なかなか浸透していかないときこそ，教師主導でかき方を教え込んでしまうのではなく，自分でかくことができるようになった子たちに活躍してもらいましょう。先生が問題を黒板に書いた後，「式ができました」と言う子はたくさんいても，「数直線図をかけました」という子はあまりいないと思います。でも，先生が将来を見据えて，数直線図をかく姿を地道に見せていれば，「先生より先に図をかけました」という子が必ず現れます。その時，「すごいね！」と褒めるだけでなく，「じゃあ，今日から数直線係になってくれるかな？」とお願いします。そういう子は積極的ですから，大抵引き受けてくれて，その時間から先生の代わりに数直線をかいてくれるようになります。そしてその間に先生は，かくことが困難な子を助けてあげることもできますし，クラスのどの程度の子がかけるようになっているのかを把握することもできます。そのうち，「私も黒板にかきたいな」と言う子が出てきたら，最初に係をやってくれた子を「あなたのおかげでかけるようになった子や，自分から前に出る子が増えたね」と褒めて，「名誉係長」「師匠」などの新たな呼び名をみんなで考えてもよいでしょう。

学級経営における効果

　先生が係を「指名する」といっても，先生の都合でやってほしいことをやらせるのではありません。もともとその子が自然と行った行動を価値づけて，持続可能にしてあげることに意味があるのです。自分のよい行いが認められた上で任されたことであれば，その子は自信をもってよさを発揮していきます。また，その姿を見たほかの子たちの心に「自分も何かやってみたい」という意識が芽生えていきます。この魔法の言葉は，「それいいね。続けてみよう」というメッセージなのです。ですから，算数の授業に関する係だけでなく，よく気づいて教室の明かりをつけてくれる子には，「スイッチ係」，テレビの接続関係に詳しい子には「テレビ係」といった具合に，普段の生活の中でもどんどん指名していきましょう。

　ただし，気をつけなければいけないことがあります。ここでいう「係」は，責任を感じてしまうような役割や，働かないとみんなに迷惑がかかるような仕事ではなく，気楽に取り組むことができる仕事にしなくてはいけません。また，「せっかく頼んだのにやってくれない」という不満を感じてしまうのは，先生側の勝手な言い分であるということを忘れてはいけません。ですから，「ジャンケン係」「笑わせ係」「盛り上げ係」「牛乳乾杯係」など，もしいなくても学級活動に支障のないようなたわいもない係がよいと思います。逆にそういった係の方が，指名した先生が予想もしていなかったおもしろい活躍をする可能性を秘めています。（なお，学級活動として行う，真面目な方の係活動については，次ページのコラムにて紹介します。）

　子どもたちは，小さな仕事でも先生の期待に応えようと一生懸命取り組んでくれます。このような種をたくさん蒔いておくことが，子ども一人ひとりの自信を育て，クラス全体を自立した集団に成長させていくことにつながるのです。

STEP
3
▼ 認め合えるクラス

［魔法の言葉 その２０］の効果を高める道具！
▼

係活動宣言

　よくある係活動の決め方として，係が先に決まっていてどこに誰が入るのかを調整する方法があります。また，先にグループを決めて，仕事内容を相談する方法もあります。どちらの決め方にもよさはありますが，子どもたち一人ひとりがやりたい係をできるとは限らないことが気になります。そこで最近，「こんな仕事をしたい」という一人ひとりの思いを実現することに重点を置いた決め方をしています。子どもたちはやりたい係を自由に考え，「この仕事をやります！」という宣言とともに，活動内容をプレゼンして承認を得ます。この方法で決めていくと，友だちのプレゼンに魅力を感じ，自分の係もやりたいけれどその友だちにも協力したいと思う子が出てきます。ですから複数の係をやりたいという要望も認めます。

　以前，この決め方をしていたクラスで，「転職していいですか？」と言う子がいました。選んだ仕事が自分に合っていなかったことに気づいたのです。「ルールは最初と一緒だよ。みんなに宣言して新しく始めよう」と声をかけると，その子は新たな係活動宣言をして一生懸命働き，いつの間にか協力者が増えていきました。

　係活動を行う上で子どもたちに意識してほしいのは，「みんなのためになる仕事」であることと，「やりたい仕事」をすることの２つです。子どもたちがこの原則を理解できていれば，自主性に任せて枠組みを柔軟にしてあげた方がよい成長につながるのではないでしょうか。

ハッシュタグ索引

※ ⭐ は魔法の言葉1〜20をそれぞれ示しています。

キーワード別

ハッシュタグ索引

※ は魔法の言葉1〜20をそれぞれ示しています。

おわりに

　高橋丈夫先生は，クセが強い先生です。子どもたちをあだ名で呼び，「お前ら〜」という口調でポケットに手を突っ込んだまま授業を行います。でも子どもたちは先生を怖がりません。むしろ高橋先生には……というより，高橋学級ではみんなが素直に自分自身を出しています。こんな学級経営ができたらよいなぁと思うのですが，なかなか真似ができません。以前，たまたま居合わせた場で高橋先生は次のように子どもたちを指導していました。「俺の話を聞かないのは，俺の話が下手だからしょうがない。それは俺が努力する。でも友だちの話を聞かない奴は許さない」。この時，きっと子どもたちよりも自分がドキッとしたと思います。いつも言うことを聞かせることばかり考えていた自分に気づかされたのです。この言葉は今も自分の心の中にある大切な「魔法の言葉」です。教師の都合よりも子どもたちの思いやつながりを優先する覚悟が必要であること。従わせる指導力ではなく，相互理解を生み出す指導力が大切であること。高橋先生からは，自立した学級集団を育てるために必要不可欠なことをたくさん学ばせていただきました。

　本書は，そんな高橋先生の呼びかけに共感したメンバーが集まってつくったものです。執筆にあたって，我々5人が普段の算数の授業や学級経営で子どもたちにどのような言葉をかけているのかを情報交換しながら，それらの効果を話し合いました。中には，「それ，よく使う！」と共感したものもあれば，「なるほど，使ってみようかな」と新鮮に思えたものもありました。その感覚は，醤油や酢，マヨネーズのように多くの人がよく使う調味料と，ラー油やタバスコ，山葵，山椒，柚子胡椒など，使い方が特化しているクセの強い調味料があることと似ている気がしました。授業や学級経営を料理に例えると，我々教師は，指導案や板書計画というレシピを考え，問題場面や教材といった食材を用意し，学級の子どもたちと調理を楽しんでいるといえます。本書で紹介した「魔法の言葉」が，先生方と子どもたちが創り上げる授業や学級経営に，ひと味加えるスパイスとしてお役に立てたらうれしく思います。

　最後になりましたが，本書の刊行にあたりご尽力をいただきました，光文書院の矢野様，呉様，中谷様，春田様，安田様に心より感謝申し上げます。

筑波大学附属小学校　青山 尚司

【著者紹介】

高橋　丈夫	成城学園初等学校副校長
青山　尚司	筑波大学附属小学校教諭
楳原　裕仁	武蔵野市立第五小学校教諭
工藤　尋大	成城学園初等学校教諭
小宮山　洋	成城学園初等学校教諭

算数×学級経営

魔法の言葉でもう一歩先の授業・クラスを！

©Takeo Takahashi, Shoji Aoyama, Hiroto Umehara, Norihiro Kudo, Wataru Komiyama 2021

2021年6月15日　第1版第1刷発行

著者 ────────	高橋　丈夫・青山　尚司・楳原　裕仁・工藤　尋大・小宮山　洋
発行者 ────────	長谷川　知彦
発行所 ────────	株式会社光文書院
	〒102-0076 東京都千代田区五番町14
	電話 03-3262-3271（代）
	https://www.kobun.co.jp/
カバー・本文イラスト ──	河南　好美
デザイン ────────	広研印刷株式会社

2021　Printed in Japan · ISBN978-4-7706-1124-6
＊落丁・乱丁本は，送料小社負担にてお取り替えいたします。

21-1